Sekundarstufe

Michael Freund

Klimazonen an Stationen

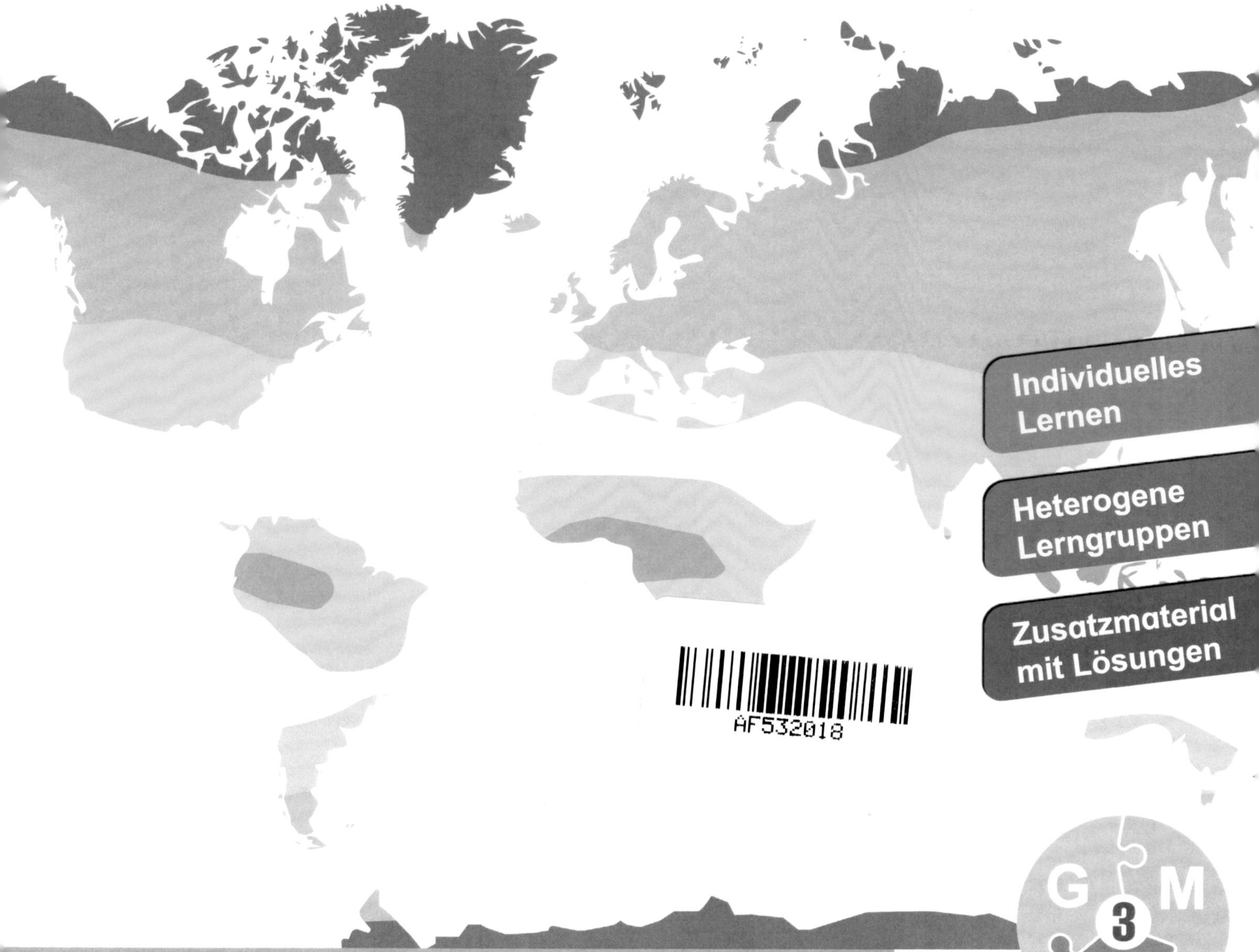

Individuelles Lernen

Heterogene Lerngruppen

Zusatzmaterial mit Lösungen

- Infotexte und Aufgaben
- Differenziert in drei Niveaustufen
- Ohne Vorarbeit sofort umsetzbar

Klimazonen an Stationen

3. Auflage 2026

Inhalt: Michael Freund
Coverbilder: © dmutrojarmolinua & volondoff - AdobeStock.com
Redaktion: Kohl-Verlag
Grafik & Satz: Simone Demler & Kohl-Verlag
Druck: Druckerei Flock, Köln

Bestell-Nr. 12 948

ISBN: 978-3-98558-327-0

Bildquellen © AdobeStock.com
S. 15: © Inna; **S. 17+18:** © dmutrojarmolinua; **S. 19+20+35:** © drutska; **S. 21:** © Matyas Rehak; **S. 25:** © Sinuswelle; **S. 27:** © Andrei Stepanov, Elizabeth; **S. 29:** © KrisGrabiec;

Bildquellen © Wikipedia.com
S. 39-56: © BlankMap-World-alt

Kontakt: Kohl-Verlag, An der Brennerei 37-45, 50170 Kerpen
Tel: +49 2275 331610, Mail: info@kohlverlag.de

Inhalt und Übersicht über die Stationen

Name der Station	Niveau	Seite
Vorwort und Bemerkungen zum Stationenlernen		4-5
Stationenlaufzettel		6
Grundlagen		
Was versteht man unter dem Begriff Klima?	⊙	7-8
Wie wird das Klima beschrieben?	⊙	9-10
Wie entsteht das Klima?	!	11-12
Wie wird das Klima dargestellt?	⊙	13-14
Welche Klimaarten werden unterschieden?	⊙	15-16
Was versteht man unter Beleuchtungsklimazonen?	!	17-18
Was versteht man unter physischen Klimazonen?	!	19-20
Klimazonen im Überblick		
Die Tropen im Überblick	⊙	21-22
Die Subtropen im Überblick	⊙	23-24
Die gemäßigte Zone im Überblick	⊙	25-26
Die subpolare Zone im Überblick	⊙	27-28
Die polare Zone im Überblick	⊙	29-30
Wie gut kennst du die Klimazonen?	⊙	31-32
Wie gut kennst du die Klimazonen? (2)	⊙	33-34
Wir arbeiten mit dem Atlas!	!	35-36
Klimazonen im Detail		
Gibt es noch andere Möglichkeiten das Klima einzuteilen?	!	37-38
Die polare/subpolare Zone (nach Schultz)	✶	39-40
Die boreale Zone (nach Schultz)	✶	41-42
Die feuchten Mittelbreiten (nach Schultz)	✶	43-44
Die trockenen Mittelbreiten (nach Schultz)	✶	45-46
Die winterfeuchten Subtropen (nach Schultz)	✶	47-48
Die immerfeuchten Subtropen (nach Schultz)	✶	49-50
Die tropischen und subtropischen Trockengebiete (nach Schultz)	✶	51-52
Die sommerfeuchten Tropen (nach Schultz)	✶	53-54
Die immerfeuchten Tropen nach Schultz	✶	55-56
Klimadiagramme auswerten		
Wir werten Klimadiagramme aus! (Grimstadir)	!	57-58
Wir werten Klimadiagramme aus! (Tschetyrekstolbovojostrov)	!	59-60
Wir werten Klimadiagramme aus! (Pokravska)	!	61-62
Wir werten Klimadiagramme aus! (Anchorage)	!	63-64
Wir werten Klimadiagramme aus! (Brest)	!	65-66
Wir werten Klimadiagramme aus! (Antung)	!	67-68
Wir werten Klimadiagramme aus! (Pensacola)	!	69-70
Wir werten Klimadiagramme aus! (Queenstown)	!	71-72

KOHL VERLAG Klimazonen an Stationen / Sekundarstufe – Bestell-Nr. 12 948

Vorwort und Bemerkungen zum Stationenlernen

Sehr geehrte Kolleginnen und Kollegen,

dieses Werk, Klimazonen an Stationen, soll Ihnen ein wenig Ihre alltägliche Arbeit erleichtern. Dabei war es uns besonders wichtig, Stationen zu kreieren, die möglichst schüler- und handlungsorientiert sind. Denn nur so kann das Wissen langfristig gespeichert und auch wieder abgerufen werden. Die Stationen sind in vier Bereiche eingeteilt. Die einzelnen Karten können in beliebiger Reihenfolge und im jeweiligen, individuellen Arbeits- und Lerntempo bearbeitet werden.

Durch den individuell ausfüllbaren Laufzettel wird bei dieser sehr differenzierten Arbeitsform stets der Überblick gewahrt. Die Materialien eignen sich auch hervorragend für die Selbstlernzeit oder als Ausgangspunkt für Gruppendiskussionen.

Das Heft ist in folgende Bereiche aufgeteilt:

<u>Grundlagen</u>:

Was versteht man unter dem Begriff Klima?

Wie wird das Klima beschrieben?

Wie entsteht das Klima?

Wie wird das Klima dargestellt?

Welche Klimaarten werden unterschieden?

Was versteht man unter Beleuchtungsklimazonen?

Was versteht man unter physischen Klimazonen?

<u>Klimazonen im Überblick</u>:

Die Tropen im Überblick

Die Subtropen im Überblick

Die gemäßigte Zone im Überblick

Die subpolare Zone im Überblick

Die polare Zone im Überblick

Wie gut kennst du die Klimazonen?

Wir arbeiten mit dem Atlas!

<u>Klimazonen im Detail</u>:

Gibt es noch andere Möglichkeiten das Klima einzuteilen?

Die polare/subpolare Zone (nach Schultz)

Die boreale Zone (nach Schultz)

Die feuchten Mittelbreiten (nach Schultz)

Die trockenen Mittelbreiten (nach Schultz)

Die winterfeuchten Subtropen (nach Schultz)

Die immerfeuchten Subtropen (nach Schultz)

Die tropischen und subtropischen Trockengebiete (nach Schultz)

Die sommerfeuchten Tropen (nach Schultz)

Die immerfeuchten Tropen (nach Schultz)

Vorwort und Bemerkungen zum Stationenlernen

Klimadiagramme auswerten:

Wir werten Klimadiagramme aus! (Grimstadir)

Wir werten Klimadiagramme aus! (Tschetyrekstolbovojostrov)

Wir werten Klimadiagramme aus! (Pokravska)

Wir werten Klimadiagramme aus! (Anchorage)

Wir werten Klimadiagramme aus! (Brest)

Wir werten Klimadiagramme aus! (Antung)

Wir werten Klimadiagramme aus! (Pensacola)

Wir werten Klimadiagramme aus! (Queenstown)

Stationen:

Die einzelnen Stationskarten haben keine Nummerierung, damit jede/jeder Schülerin/ Schüler selbst entscheiden kann, welche Stationen er/sie bearbeiten möchte. Dies können beispielsweise lediglich solche aus einem Bereich sein, ebenso gut können jedoch Stationskarten aus allen Bereichen vermischt werden. Die Arbeitsaufträge können in Einzel-, Partner- oder Kleingruppenarbeit erarbeitet werden, je nach Vorliebe der Lehrperson bzw. der Klasse.

Differenzierung der Aufgaben:

Innerhalb der Bereiche gibt es drei Schwierigkeitsstufen zur Differenzierung.

 = grundlegendes Niveau

 = mittleres Niveau

 = erweitertes Nivea

Die Aufgaben zum grundlegenden Niveau sollten von allen Schülerinnen und Schülern bearbeitet werden. Aufgaben mit mittlerem Niveau bieten Erweiterungen und höhere Anforderungen als das grundlegende Niveau. Die Aufgaben des erweiterten Niveaus sind sogenannte Expertenaufgaben und enthalten vertiefende oder weiterführende Inhalte. Je nach Leistungsstand können Sie jedoch problemlos Stationen anders kennzeichnen.

Lösungen:

Wer die Aufgaben der Schülerinnen und Schülern korrigiert, hängt zum einen von der Lerngruppe und zum anderen von den Vorlieben der unterrichtenden Lehrkraft ab. So kann diese die Verbesserung der Schüleraufgaben selbst übernehmen oder diese Aufgabe in die Verantwortung der Schülerinnen und Schüler übergeben. In diesem Fall haben Sie die Möglichkeit, die Karten einfach auszuschneiden und zu laminieren. Die passende Lösung befindet sich dann direkt auf der Rückseite der Aufgabe. Das fördert die einfache Selbstkontrolle. Alternativ können Sie die Seiten jedoch auch kopieren und die Lösungen, für die Schülerinnen und Schülern erkenntlich markiert, an einem anderen Ort positionieren.

Nach dieser kurzen Einführung wünschen wir Ihnen viel Spaß beim Einsatz der Materialien.

Ihr Kohl-Verlag und

Michael Freund

Stationen-Laufzettel

Name: ______________________ **Datum:** ______________________

⊙ Grundlegendes Niveau

Station	Stationsname	erledigt	korrigiert

! Mittleres Niveau

Station	Stationsname	erledigt	korrigiert

✶ Erweitertes Niveau

Station	Stationsname	erledigt	korrigiert

Was versteht man unter dem Begriff Klima?

Sicherlich hast Du schon oft von Klima, Klimawandel, Klimaveränderungen und Klimatypen gehört. Doch was genau verbirgt sich dahinter? Das Wort Klima ist dem Altgriechischen entlehnt und bedeutet so viel wie Neigung bzw. Krümmung. Der Begriff bezieht sich auf die Neigung der Erde gegenüber der Sonne. Die Schrägstellung der Erdachse und die Kugelform unseres Planeten führen dazu, dass bestimmte Gebiete stärker von der Sonne bestrahlt werden als andere. Die Sonne ist die Hauptverantwortliche, wenn es um das Klima geht. Doch nicht nur die Stärke, die Länge und die Neigung der Sonneneinstrahlung sind Einflussgrößen, sondern auch Niederschläge, Wolken usw. Diese bezeichnet man als Zustände der Atmosphäre.
Wir können als Definition festhalten, dass man unter Klima den durchschnittlichen Zustand der Atmosphäre an einem bestimmten Ort innerhalb eines bestimmten Zeitraums versteht. Im Gegensatz zum Wetter, das nur eine momentane Situation beschreibt, wird beim Klima immer ein längerer Zeitraum ins Auge gefasst. Man versucht durch regelmäßige Messungen ein möglichst genaues Bild zu erhalten. Dabei spielen Mittel- und Extremwerte eine Rolle, die zueinander in Beziehung gesetzt werden müssen.

Aufgabe 1: *Erkläre, woher das Wort Klima kommt und was es bedeutet.*

____

____

____

Aufgabe 2: *Beschreibe Einflüsse auf das Klima.*

____

____

____

Aufgabe 3: *Erläutere, was man unter einem Klima versteht.*

____

____

____

____

Aufgabe 4: *Was unterscheidet das Klima vom Wetter? Ergänze die Tabelle.*

Klima	Wetter

KOHL VERLAG Klimazonen an Stationen / Sekundarstufe – Bestell-Nr. 12 948

Lösung

Was versteht man unter dem Begriff Klima?

Aufgabe 1:

Das Wort Klima ist dem Altgriechischen entlehnt und bedeutet so viel wie Neigung bzw. Krümmung. Der Begriff bezieht sich auf die Neigung der Erde gegenüber der Sonne.

Aufgabe 2:

Die Sonne ist die Hauptverantwortliche, wenn es um das Klima geht. Doch nicht nur die Stärke, die Länge und die Neigung der Sonneneinstrahlung sind Einflussgrößen, sondern auch Niederschläge, Wolken usw.

Aufgabe 3:

Unter Klima versteht man den durchschnittlichen Zustand der Atmosphäre an einem bestimmten Ort innerhalb eines bestimmten Zeitraums. Im Gegensatz zum Wetter, das nur eine momentane Situation beschreibt, wird beim Klima immer ein längerer Zeitraum ins Auge gefasst.

Aufgabe 4:

Klima	Wetter
Durchschnittlicher Zustand der Atmosphäre über einen längeren Zeitraum.	Momentaner Zustand der Atmosphäre.

Wie wird das Klima beschrieben?

Um das Klima zu beschreiben, sind sogenannte Klimaelemente als Datengrundlage erforderlich. Hierzu zählen unter anderem Temperatur, Niederschlagsart, Niederschlagshöhe, Luftfeuchtigkeit, Wolkenvorkommen und -art, Luftdruck, Sonnenstunden pro Tag, Verdunstung usw. Diese Elemente beeinflussen sich auch gegenseitig (dichte Wolken – weniger Sonnenstunden – geringere Temperatur usw.). Die Klimaelemente selbst werden von Klimafaktoren beeinflusst. Als solche bezeichnet man verschiedene Zustände und Prozesse, die das Klima sowie Klimaveränderungen prägen. Dabei werden natürliche und vom Menschen gemachte Einflussfaktoren (anthropogene Faktoren) unterschieden. Die bedeutendsten natürlichen Klimafaktoren sind die geographische Breite, die Lage im Relief, die Lage zum Meer und die Bodenbedeckung. Aber auch die Windrichtungsverteilung, die Windstärke, die Meeresströmungen und die Höhenstrukturen sind einflussreich. Die wichtigsten anthropogenen Klimafaktoren sind Emissionen, Bebauung, Landwirtschaft und Waldrodung.

Aufgabe 1: *Ergänze die Tabelle sinnvoll.*

Klimaelemente	Klimafaktoren

Aufgabe 2: *Ordne die Klimafaktoren richtig zu, indem du die Linien richtig ziehst.*

Natürliche Klimafaktoren	Waldrodung Lage zum Meer Bodenbedeckung Emissionen Lage im Relief Landwirtschaft Bebauung Geographische Breite Windrichtung Meeresströmung	**Anthropogene Klimafaktoren**

KOHL VERLAG Klimazonen an Stationen / Sekundarstufe – Bestell-Nr. 12 948

Lösung

Wie wird das Klima beschrieben?

Aufgabe 1:

Klimaelemente	Klimafaktoren
Temperatur Niederschlagsart Niederschlagshöhe Luftfeuchtigkeit Wolkenvorkommen und -art Luftdruck Sonnenstunden pro Tag Verdunstung usw.	geographische Breite Lage im Relief Lage zum Meer Bodenbedeckung Windrichtungsverteilung Windstärke Meeresströmungen Höhenstrukturen Emissionen Bebauung Landwirtschaft Waldrodung usw.

Aufgabe 2:

Natürliche Klimafaktoren	Lage zum Meer Bodenbedeckung Lage im Relief Geographische Breite Windrichtung Meeresströmung	Waldrodung Emissionen Landwirtschaft Bebauung	**Anthropogene Klimafaktoren**

Wie entsteht das Klima?

Aufgabe: *Füge die folgenden Begriffe richtig in den Lückentext ein:*

Gefrierpunkt – Winden – Land – Schnee – Wärme – Ozeane – Erwärmung – Atlantischen – Gesteinsschichten – kalte

Das Klima entsteht durch ein komplexes Zusammenspiel verschiedener Einflussgrößen im sogenannten Klimasystem.

Verschiedene Subsysteme stehen hier in Wechselwirkung zueinander. Zu diesen zählen die Atmosphäre, die Hydrosphäre (________________, Seen, Flüsse), die Kryosphäre (Eis und ________________), die Lithosphäre (Böden und ________________) und die Biosphäre (Lebewesen an ________ und im Meer).

Die Subsysteme tauschen ständig untereinander Energie und ____________ aus. Durch globale Strömungssysteme werden diese weltweit verteilt. Am Golfstrom kann man dieses Zusammenspiel gut aufzeigen. Dieser ist eine hauptsächlich von ________________ angetriebene Strömung im ________________ Ozean mit warmen Wassermassen vor der nordamerikanischen Küste. Ein Teil des Golfstroms, der sogenannte Nordatlantikstrom, reicht in den Nordatlantik und von dort sogar bis nach Europa. Der Wärmetransport des Nordatlantikstroms nach Norden sorgt dafür, dass in West- und Nordeuropa vergleichsweise mildes Klima herrscht, milder als in anderen Regionen gleicher geografischer Breite. In anderen Gebieten, zum Beispiel an der nordamerikanischen Ostküste, sorgen ________________ Meeresströmungen für ein kühleres Klima.

Auch die Schnee- und Eisflächen der sogenannten Kryosphäre stehen in enger Wechselwirkung mit der Atmosphäre. Voraussetzung für die Bildung von Schnee und Eis sind zunächst Temperaturen unter dem ____________________.

Schnee- und Eisflächen wiederum reflektieren in hohem Maße die Sonnenstrahlung und wirken dadurch in Bodennähe und auf die untere Atmosphäre kühlend. Tauen dagegen Eisflächen wie gegenwärtig in der Arktis, setzt in der Folge eine ________________ der unteren Luftschichten ein.

Lösung

Wie entsteht das Klima?

Aufgabe:

Das Klima entsteht durch ein komplexes Zusammenspiel verschiedener Einflussgrößen im sogenannten Klimasystem. Verschiedene Subsysteme stehen hier in Wechselwirkung zueinander. Zu diesen zählen die Atmosphäre, die Hydrosphäre (**Ozeane**, Seen, Flüsse), die Kryosphäre (Eis und **Schnee**), die Lithosphäre (Böden und **Gesteinsschichten**) und die Biosphäre (Lebewesen an **Land** und im Meer).
Die Subsysteme tauschen ständig untereinander Energie und **Wärme** aus. Durch globale Strömungssysteme werden diese weltweit verteilt. Am Golfstrom kann man dieses Zusammenspiel gut aufzeigen. Dieser ist eine hauptsächlich von **Winden** angetriebene Strömung im **Atlantischen** Ozean mit warmen Wassermassen vor der nordamerikanischen Küste. Ein Teil des Golfstroms, der sogenannte Nordatlantikstrom, reicht in den Nordatlantik und von dort sogar bis nach Europa. Der Wärmetransport des Nordatlantikstroms nach Norden sorgt dafür, dass in West- und Nordeuropa vergleichsweise mildes Klima herrscht, milder als in anderen Regionen gleicher geografischer Breite. In anderen Gebieten, zum Beispiel an der nordamerikanischen Ostküste, sorgen **kalte** Meeresströmungen für ein kühleres Klima.
Auch die Schnee- und Eisflächen der sogenannten Kryosphäre stehen in enger Wechselwirkung mit der Atmosphäre. Voraussetzung für die Bildung von Schnee und Eis sind zunächst Temperaturen unter dem **Gefrierpunkt**. Schnee- und Eisflächen wiederum reflektieren in hohem Maße die Sonnenstrahlung und wirken dadurch in Bodennähe und auf die untere Atmosphäre kühlend. Tauen dagegen Eisflächen wie gegenwärtig in der Arktis, setzt in der Folge eine **Erwärmung** der unteren Luftschichten ein.

Wie wird das Klima dargestellt?

Ein Klimadiagramm enthält Klimaelemente und stellt auf übersichtliche Art dar, wo sich der besagte Ort befindet (Name, Lage im Gradnetz, Höhe über dem Meeresspiegel) und gibt darüber hinaus Auskunft über die durchschnittlichen Temperatur- und Niederschlagswerte (Monats- und Jahreswerte). Dadurch können auch Rückschlüsse auf die dort vorherrschende Pflanzenwelt gezogen werden.

Aufgabe: *Ordne die Begriffe richtig zu:*

- Mittlere Jahrestemperatur (°C)
- Mittlere jährliche Niederschlagssumme (mm)
- Regenzeit
- Trockenzeit
- Kurve der mittleren Monatstemperaturen
- Kurve der mittleren monatlichen Niederschläge
- Name der Station (Höhe über NN)

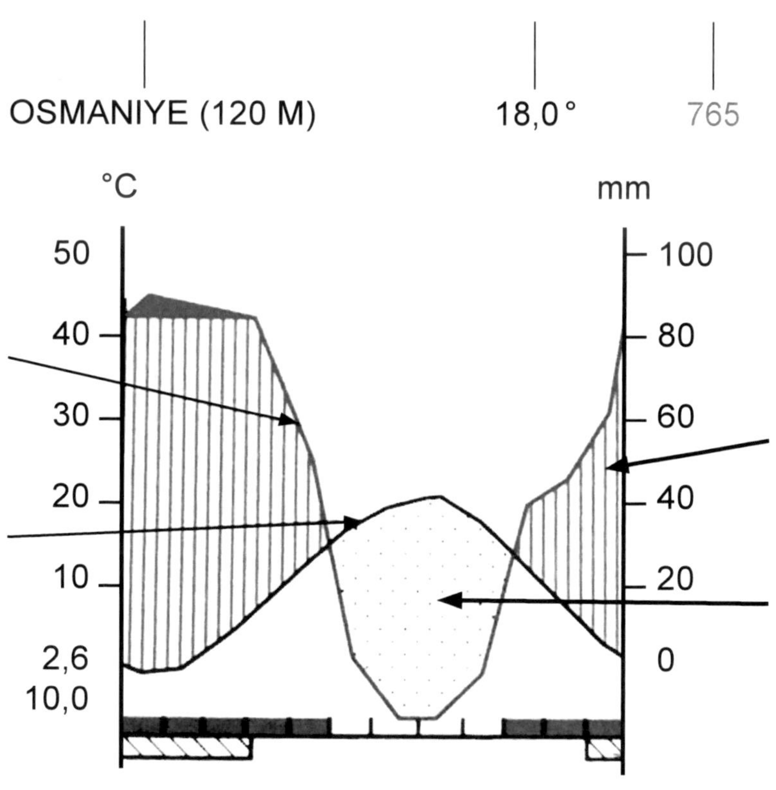

KOHL VERLAG Klimazonen an Stationen / Sekundarstufe – Bestell-Nr. 12 948

Lösung

Wie wird das Klima dargestellt?

Aufgabe:

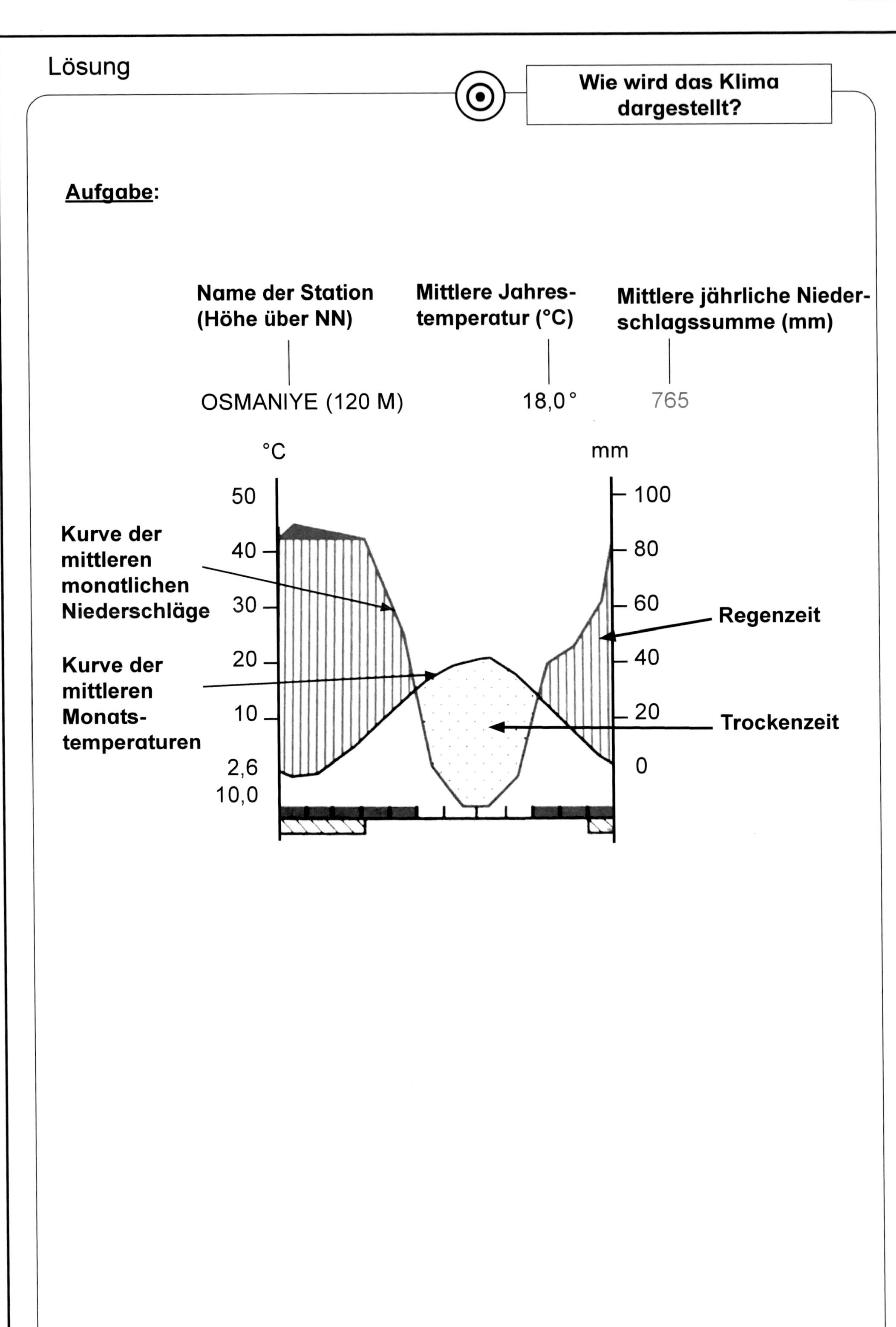

Welche Klimaarten werden unterschieden?

Sehr deutlich kann man zwei grundlegend verschiedene Klimaarten unterscheiden, nämlich das Tageszeitenklima und das Jahreszeitenklima.

Beim Tageszeitenklima ist die Temperaturamplitude innerhalb eines Jahres geringer als die innerhalb eines Tages. Die sogenannte Temperaturamplitude beschreibt den Unterschied zwischen der höchsten gemessenen Temperatur und der niedrigsten gemessenen Temperatur an einem bestimmten Ort.

Der Unterschied zwischen den Temperaturen tagsüber und nachts ist beim Tageszeitenklima also größer als der Unterschied zwischen den Temperaturen im Sommer und Winter und somit entstehen auch keine verschiedenen Jahreszeiten.

Beim Jahreszeitenklima ist die Temperaturamplitude innerhalb eines Jahres größer als innerhalb eines Tages. Diese Veränderungen entstehen hauptsächlich durch den Einstrahlwinkel der Sonne und dieser ändert sich aufgrund der Schrägstellung der Erdachse im Laufe eines Jahres. Die Entstehung von Jahreszeiten ist die Folge. Je nach Größe der Temperaturamplitude wird bei Jahreszeitenklimas noch weiter zwischen maritimem und kontinentalem Klima unterschieden:

Maritimes Klima: Temperaturamplitude zwischen 10 °C und 20 °C
Kontinentales Klima: Temperaturamplitude zwischen 20 °C und 40 °C
Hochkontinentales Klima: Temperaturamplitude über 40 °C

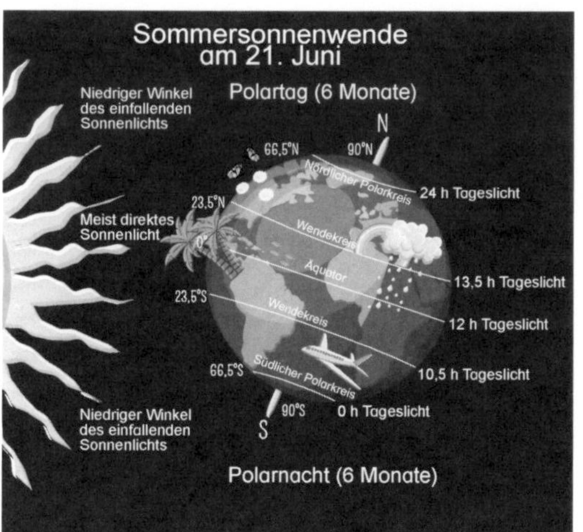

Aufgabe: *Beschreibe die Unterschiede zwischen Tageszeitenklima und Jahreszeitenklima, indem du die Tabelle sinnvoll ergänzt.*

Tageszeitenklima	Jahreszeitenklima

KOHL VERLAG Klimazonen an Stationen / Sekundarstufe – Bestell-Nr. 12 948

Lösung

Welche Klimaarten werden unterschieden?

Aufgabe:

Tageszeitenklima	Jahreszeitenklima
Die Temperaturamplitude innerhalb eines Jahres ist geringer als die innerhalb eines Tages.	Beim Jahreszeitenklima ist die Temperaturamplitude innerhalb eines Jahres größer als innerhalb eines Tages. Diese Veränderungen entstehen hauptsächlich durch den Einstrahlwinkel der Sonne und dieser ändert sich aufgrund der Schrägstellung der Erdachse im Laufe eines Jahres.

Was versteht man unter Beleuchtungsklimazonen?

Aufgabe: *Füge die folgenden Begriffe richtig in den Lückentext ein:*

Energie – größere – Tropen – geografischen Breite – senkrecht – Polarnächte – Sonneneinstrahlung

Bei der Unterteilung der Erde in Beleuchtungsklimazonen geht man davon aus, dass die Intensität der ____________________ und ihr jahreszeitlicher Verlauf die Haupteinflussgrößen des Klimas sind. Wenn man atmosphärische Einflüsse vernachlässigt, hängen die Klimazonen ausschließlich von der ________________ ab. Da die Sonne in der Nähe des Äquators das ganze Jahr über fast ____________ steht, wird die Erde hier sehr stark aufgeheizt. In Richtung der Pole treffen die Sonnenstrahlen in einem immer flacheren Winkel auf. Dies hat zur Folge, dass die gleiche Sonnenenergie sich auf eine immer ____________ Fläche verteilt. Daher wird es umso kühler, je größer die Entfernung zum Äquator ist. Die Unterteilung der Erde in Beleuchtungsklimazonen nimmt man genau an den Wende- und Polarkreisen vor. So entstehen die astronomischen __________ (griech. tropē Wende) bis 23° 26′ Breite, die Mittelbreiten bis 66° 34′ und die Polarzonen (griech. pólos Achse). Innerhalb dieser sogenannten astronomischen Tropen steht die Sonne zweimal jährlich im Zenit (= Höchststand der Sonne) und erreicht immer eine Mittagshöhe von mindestens 43°. In den Polarzonen steht die Sonne, während der ________________ mittags unter dem Horizont (kein Sonnenlicht; nur Nacht), während sie demgegenüber während der Polartage sogar zu Mitternacht über dem Horizont steht (24 Stunden hell/Tag); sie erreicht dabei nie eine größere Mittagshöhe als 47°. Entsprechend unterschiedlich ist die eingestrahlte ____________. Die Erdoberfläche ist von den dadurch entstehenden vier Klimazonen vom Äquator zum Pol in vier annähernd gleich breite Gürtel geteilt:

Solare Tropen bis 23,5°: stets hohe Sonneneinstrahlung

Solare Mittelbreiten

Subtropen bis 45°: Jahreszeitlicher Unterschied der Energieeinstrahlung zwischen Sommer und Winter (Tageslänge entscheidend).

Mittelbreiten bis 66,5°: Die Jahreszeiten sind sehr stark ausgeprägt.

Solare Polarzone:

Extreme jahreszeitliche Unterschiede mit extremen Schwankungen der Tageslängen. Sonnen- und Schattenseiten spielen eine untergeordnete Rolle.

Polarzone
Subpolare Zone
Gemäßigte Zone
Subtropische Zone
Tropische Zone
Subäquatoriale Zone
Äquatoriale Zone

Lösung

Was versteht man unter Beleuchtungsklimazonen?

Aufgabe:

Bei der Unterteilung der Erde in Beleuchtungsklimazonen geht man davon aus, dass die Intensität der **Sonneneinstrahlung** und ihr jahreszeitlicher Verlauf die Haupteinflussgrößen des Klimas sind. Wenn man atmosphärische Einflüsse vernachlässigt, hängen die Klimazonen ausschließlich von der **geografischen Breite** ab. Da die Sonne in der Nähe des Äquators das ganze Jahr über fast **senkrecht** steht, wird die Erde hier sehr stark aufgeheizt. In Richtung der Pole treffen die Sonnenstrahlen in einem immer flacheren Winkel auf. Dies hat zur Folge, dass die gleiche Sonnenenergie sich auf eine immer **größere** Fläche verteilt. Daher wird es umso kühler, je größer die Entfernung zum Äquator ist. Die Unterteilung der Erde in Beleuchtungsklimazonen nimmt man genau an den Wende- und Polarkreisen vor. So entstehen die astronomischen **Tropen** (griech. tropē Wende) bis 23° 26′ Breite, die Mittelbreiten bis 66° 34′ und die Polarzonen (griech. pólos Achse). Innerhalb dieser sogenannten astronomischen Tropen steht die Sonne zweimal jährlich im Zenit (=Höchststand der Sonne) und erreicht immer eine Mittagshöhe von mindestens 43°. In den Polarzonen steht die Sonne während der **Polarnächte** mittags unter dem Horizont (kein Sonnenlicht; nur Nacht), während sie demgegenüber während der Polartage sogar zu Mitternacht über dem Horizont steht (24 Stunden hell/Tag); sie erreicht dabei nie eine größere Mittagshöhe als 47°. Entsprechend unterschiedlich ist die eingestrahlte **Energie**. Die Erdoberfläche ist von den dadurch entstehenden vier Klimazonen vom Äquator zum Pol in vier annähernd gleich breite Gürtel geteilt:

Solare Tropen bis 23,5°: stets hohe Sonneneinstrahlung

Solare Mittelbreiten

Subtropen bis 45°: Jahreszeitlicher Unterschied der Energieeinstrahlung zwischen Sommer und Winter (Tageslänge entscheidend).

Mittelbreiten bis 66,5°: Die Jahreszeiten sind sehr stark ausgeprägt.

Solare Polarzone:

Extreme jahreszeitliche Unterschiede mit extremen Schwankungen der Tageslängen. Sonnen- und Schattenseiten spielen eine untergeordnete Rolle.

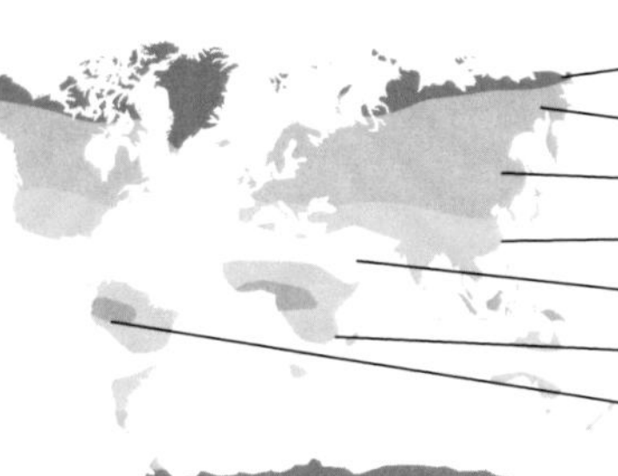

Was versteht man unter physischen Klimazonen?

Das Konzept der physischen Klimazonen greift die Idee der Beleuchtungsklimazonen auf und führt diese weiter. Nicht nur die Sonneneinstrahlung muss bei der Einteilung der Zonen eine Rolle spielen, sondern auch Beschaffenheit des bestrahlten Bodens. Da nicht alle Bodenarten gleichermaßen Energie aufnehmen und reflektieren (z. B. Eis ist weiß und reflektiert sehr viel Sonnenlicht, wodurch der bestrahlte Boden weniger Wärme aufnimmt), gibt es weitere Unterscheidungen.
In den Tropen wird die Sonneneinstrahlung durch die ständig hohe Bewölkung leicht verringert. Dennoch erreicht die Strahlungsbilanz einen großen Energieüberschuss. In den Subtropen werden im Sommer am Boden die absolut höchsten Energieeinstrahlungen erreicht. Die Strahlungsbilanz bewegt sich insgesamt um den Wert Null. In den Mittelbreiten werden am Boden die Unterschiede der Sonneneinstrahlung vom deutlich längeren Weg der Strahlung durch die Atmosphäre im Winter verstärkt. Die Strahlungsbilanz ist negativ. In den Polarzonen ist die Schwächung der Strahlung durch die Atmosphäre sehr stark. Außerdem wird ein großer Teil der Strahlung an Eisflächen reflektiert. Die Strahlungsbilanz ist stark negativ.

Eine Einteilung der physischen Klimazonen ist die Folgende nach Breitengraden:

- Tropen: 0° – 23,5°
- Subtropen: 23,5° – 40°
- gemäßigte Zone: 40° – 60°
- kalte Zone: 60° – 90°

Zusätzlich wird auch der Übergang zwischen der gemäßigten Zone und der kalten Zone (polaren Zone) als subpolare Zone bezeichnet.
Somit lassen sich anhand dieser Kriterien fünf Klimazonen unterscheiden: **Tropen, Subtropen, gemäßigte Zone, subpolare Zone, polare Zone.**

Aufgabe: *Ordne auf der Karte die fünf physischen Klimazonen den richtigen Bereichen zu.*

Lösung

Was versteht man unter physischen Klimazonen?

Aufgabe:

⑤ Polar
③ Subpolar
① Gemäßigt
② Subtropisch
④ Tropisch

Die Tropen im Überblick

Die tropische Zone erstreckt sich rund um den Äquator von 23,5 Grad nördlicher bis zu 23,5 Grad südlicher Breite. Das Klima ist ganzjährig sehr ähnlich bleibend, die Schwankungen zwischen Tag und Nacht sind allerdings sehr hoch, sodass man hier von einem Tageszeitenklima spricht.
Tropische Regionen finden sich in Zentralafrika, Mittelamerika, dem Norden Südamerikas und Südostasien. In den Tropen wachsen die großen, tropischen Regenwälder, die eine große Artenvielfalt beherbergen und für die Erdatmosphäre ausgesprochen wichtig sind. Man bezeichnet sie auch als „Lungen der Erde".
Die Durchschnittstemperatur beträgt in den Tropen ganzjährig ca. 25 °C und es regnet nahezu täglich. Zwei Mal im Jahr steht die Sonne senkrecht, also im Zenit. Durch die starke Sonneneinstrahlung ist die Temperatur durchgehend hoch und die Energiebilanz ist insgesamt positiv.

Aufgabe 1: *Beschreibe stichpunktartig die klimatischen Besonderheiten der Tropen.*

____

____

____

____

____

____

Aufgabe 2: *Finde eine passende Bildunterschrift.*

____

KOHL VERLAG Klimazonen an Stationen / Sekundarstufe – Bestell-Nr. 12 948

Lösung

Die Tropen im Überblick

Aufgabe 1:

Die tropische Zone erstreckt sich rund um den Äquator. Es gibt keine Jahreszeiten. Es herrscht ein Tageszeitenlima vor. Es regnet fast täglich. Die Temperatur beträgt das ganze Jahr über ca. 25 °C. In den tropischen Regenwäldern gibt es eine große Artenvielfalt. Die Energiebilanz ist insgesamt positiv.

Aufgabe 2:

z. B.: Der tropische Regenwald – warm und feucht

Die Subtropen im Überblick

Die Subtropen befinden sich zwischen der gemäßigten Zone und den Tropen, also rund um den nördlichen und südlichen Wendekreis. Jahreszeiten sind vorhanden, aber wenig stark ausgeprägt.
Auf der nördlichen Hemisphäre (= Nordhalbkugel) liegen beispielsweise Südeuropa, Südasien, Nordafrika und der Süden Nordamerikas in dieser Klimazone. Auf der südlichen Hemisphäre (= Südhalbkugel) werden große Teile Australiens, der Süden Südamerikas und der Süden Afrikas zu dieser gezählt.
In den Subtropen herrschen im Sommer tropische Klimaverhältnisse (warm), während die Winter eher an die klimatischen Verhältnisse der gemäßigten Zone erinnern.
Die Subtropen werden in drei verschiedene Bereiche unterteilt. Diese sind die Trockenen Subtropen, die Winterfeuchten Subtropen und die Immerfeuchten Subtropen. Die Trockenen Subtropen haben einen Vegetationszeitraum (Zeitraum, in dem die Pflanzen wachsen und sich fortpflanzen), der in der Regel sechs Monate nicht überschreitet. In den Winterfeuchten Subtropen ist die Vegetationsphase deutliche länger, bis zu zehn Monate. Lediglich im Sommer ist das Klima trocken. In den Immerfeuchten Subtropen weist das Klima eine sehr große Überschneidung zu den Tropen auf.
Nach dieser Klimaklassifikation liegen beispielsweise Wüstengebiete in derselben Zone wie Regenwälder, was einen großen Kritikpunkt darstellt.

Aufgabe: *Beschreibe stichpunktartig die klimatischen Besonderheiten der Subtropen.*

KOHL VERLAG Klimazonen an Stationen / Sekundarstufe – Bestell-Nr. 12 948

Lösung

Die Subtropen im Überblick

Aufgabe:

Die Subtropen befinden sich zwischen den Tropen und der gemäßigten Zone. Es gibt Jahreszeiten, aber diese sind nur schwach ausgeprägt. Die Subtropen werden in drei verschiedene Bereiche unterschieden. Diese sind die Trockenen Subtropen, die Winterfeuchten Subtropen und die Immerfeuchten Subtropen.
Die Trockenen Subtropen haben einen Vegetationszeitraum (Zeitraum, in dem die Pflanzen wachsen und sich fortpflanzen), der in der Regel sechs Monate nicht überschreitet.
In den Winterfeuchten Subtropen ist die Vegetationsphase deutliche länger, nämlich bis zu zehn Monate lang. Lediglich im Sommer ist das Klima trocken.
In den Immerfeuchten Subtropen weist das Klima eine sehr große Überschneidung zu den Tropen auf.

Die gemäßigte Zone im Überblick

Die gemäßigte Zone befindet sich zwischen den Polarkreisen und den sogenannten Wendekreisen in der Äquatorialzone. Das herausragendste Merkmal dieser Klimazone ist das Vorkommen unterschiedlicher Jahreszeiten, nämlich Frühling, Sommer, Herbst und Winter. In diesen Gebieten fällt ganzjährig verteilt Niederschlag, der sich in den Wintermonaten in Form von Schnee zeigen kann.
Die gemäßigte Zone weist eine sehr artenreiche Vegetation sowie ausgedehnte Waldgebiete vor. In den Küstenregionen ist es im Allgemeinen feuchter und regenreicher als im Landesinneren. Aufgrund der Größe der gemäßigten Zone wird diese in eine warmgemäßigte und eine kaltgemäßigte Zone aufgeteilt. Gemäß Definition zählen alle Gebiete zur gemäßigten Zone, in denen der wärmste Monat eine Durchschnittstemperatur von 10 Grad erreicht und die Jahresmitteltemperatur die 20 Grad-Marke nicht übersteigt.

Aufgabe 1: *Beschreibe stichpunktartig die klimatischen Besonderheiten der gemäßigten Zone.*

____

____

____

____

____

____

Aufgabe 2: *Finde eine passende Bildunterschrift.*

____

KOHL VERLAG Klimazonen an Stationen / Sekundarstufe – Bestell-Nr. 12 948

Lösung

Die gemäßigte Zone im Überblick

Aufgabe 1:

Die gemäßigte Zone befindet sich zwischen den Polarkreisen und den sogenannten Wendekreisen in der Äquatorialzone. Das herausragendste Merkmal dieser Klimazone ist das Vorkommen unterschiedlicher Jahreszeiten, nämlich Frühling, Sommer, Herbst und Winter.
In diesen Gebieten fällt ganzjährig verteilt Niederschlag, der sich in den Wintermonaten in Form von Schnee bemerkbar macht.
Gemäß Definition zählen alle Gebiete zur gemäßigten Zone, in denen der wärmste Monat eine Durchschnittstemperatur von 10 Grad erreicht und die Jahresmitteltemperatur die 20 Grad-Marke nicht übersteigt.

Aufgabe 2:

z. B.: Der Herbst erstrahlt in der gemäßigten Zone.

Die subpolare Zone im Überblick

Die subpolare Zone liegt zwischen der Polarzone und der gemäßigten Zone und ist durch lange Winter mit geringen Niederschlägen charakterisiert.
Die durchschnittliche Temperatur ist in der subpolaren Zone zwar höher als in der polaren Zone, liegt jedoch immer noch unter 0 °C.
Der Sommer ist in der subpolaren Zone länger als in der polaren Zone und die Sonnenstrahlen fallen weniger flach auf die Erde. In dieser Jahreszeit können einige Gräser und Flechten wachsen. Zudem können die Temperaturen durchaus auf 10 °C steigen.
In der subpolaren Zone existieren Permafrostböden, die ganzjährig gefroren sind. Daher kann das Regenwasser nicht versickern. Dies führt dazu, dass das Klima ganzjährig humid, also feucht ist. Aufgrund des Klimawandels ist die Temperatur in den vergangenen Jahren über den Sommer gestiegen. Dies führt dazu, dass der bisher ständig gefrorene Permafrostboden in dieser Region auftaut. Diese Bodenschicht speichert Unmengen an Methan, das bereits in Teilen in die Atmosphäre entweicht und so den Klimawandel beschleunigt.
In der subpolaren Zone leben Tiere wie Polarfüchse, Polarwölfe, Schneehasen, Rentiere und verschiedene Vogelarten.

Aufgabe 1: *Beschreibe stichpunktartig die klimatischen Besonderheiten der subpolaren Zone.*

____

____

____

____

____

____

Aufgabe 2: *Finde jeweils eine passende Bildunterschrift.*

______________________________ ______________________________

Lösung

Die subpolare Zone im Überblick

Aufgabe 1:

Die subpolare Zone liegt zwischen der Polarzone und der gemäßigten Zone und ist durch lange Winter mit geringen Niederschlägen charakterisiert.
Die durchschnittliche Temperatur ist in der subpolaren Zone zwar höher als in der polaren Zone, liegt jedoch immer noch unter 0 °C.
Der Sommer ist in der subpolaren Zone länger als in der polaren Zone und die Sonnenstrahlen fallen weniger flach auf die Erde. In dieser Jahreszeit können einige Gräser und Flechten wachsen. Die Temperaturen können durchaus auf 10 °C steigen.

Aufgabe 2:

① z. B.: Gräser und Flechten prägen das Landschaftsbild der subpolaren Zone.

② z. B.: Den kargen Lebensbedingungen können nicht viele Tiere trotzen.

Die polare Zone im Überblick

Zur polaren Zone zählen der nördliche und der südliche Polarkreis der Erde. Diese Zone besitzt so gut wie keine Vegetation, die Landschaft wird durch Schnee-, Fels- und Eislandschaften bestimmt. Der Boden ist die meiste Zeit des Jahres gefroren. Nur wenige robuste Gräser, Moose und Flechten können in dieser unwirtlichen Welt überleben.
Durch die Neigung der Erdachse geht Ende Juni am nördlichen Pol der Arktis die Sonne nicht mehr unter. Es ist die wärmste Zeit des Jahres, das Eis schmilzt und Eisberge treiben durch die nördlichen Meere. Dieses Phänomen bezeichnet man als Polartag. Gleichzeitig liegt der Südpol in völliger Dunkelheit. In dieser sogenannten Polarnacht liegen die Temperaturen ununterbrochen bei -40 °C.

Aufgabe 1: *Beschreibe stichpunktartig die klimatischen Besonderheiten der polaren Zone.*

Aufgabe 2: *Finde eine passende Bildunterschrift.*

KOHL VERLAG Klimazonen an Stationen / Sekundarstufe – Bestell-Nr. 12 948

Lösung

Die polare Zone im Überblick

Aufgabe 1:

In der polaren Zone gibt es kaum Vegetation, da es durchgängig sehr kalt ist. Der Boden ist fast ganzjährig gefroren.
Durch die Neigung der Erdachse geht Ende Juni am nördlichen Pol der Arktis die Sonne nicht mehr unter. Es ist die wärmste Zeit des Jahres, das Eis schmilzt und Eisberge treiben durch die nördlichen Meere. Dieses Phänomen bezeichnet man als Polartag. Gleichzeitig liegt der Südpol in völliger Dunkelheit. In dieser sogenannten Polarnacht liegen die Temperaturen ununterbrochen bei -40 °C.

Aufgabe 2:

z. B.: Die Eiswüste prägt das Landschaftsbild der polaren Zone.

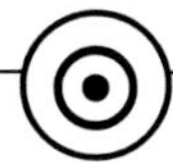

Wie gut kennst du die Klimazonen?

Aufgabe: *Löse das Kreuzworträtsel. Das Lösungswort ist der wissenschaftliche Name des Polarlichts.*

1. Diese Wüsten gibt es in der polaren Zone ...
2. In der polaren Zone wachsen möglicherweise Moose und ...
3. So nennt man es, wenn die Sonne 24 Stunden scheint ...
4. So nennt man es, wenn es 24 Stunden finster ist ...
5. In der subpolaren Zone gibt es diese gefrorenen Böden ...
6. Diese Tiere werden vom Menschen in der subpolaren Zone genutzt ...
7. Deutschland liegt in der ______________Zone.
8. In Deutschland fällt ______________Regen.
9. Die Subtropen werden in _______ und feuchte Subtropen unterteilt.
10. So nennt man es, wenn die Sonne senkrecht steht ...
11. In den Tropen ist die Temperatur ganzjährig über ____ °C.
12. So nennt man es, wenn die Temperaturamplituden zwischen Tag und Nacht größer sind als im Jahreslauf ...
13. So nennt man es, wenn die Temperaturamplituden im Jahresverlauf größer sind als zwischen Tag und Nacht ...

Lösung

Wie gut kennst du die Klimazonen?

Aufgabe:

1. Diese Wüsten gibt es in der polaren Zone - **Eiswuesten**
2. In der polaren Zone wachsen möglicherweise Moose und - **Flechten**
3. So nennt man es, wenn die Sonne 24 Stunden scheint - **Polartag**
4. So nennt man es, wenn es 24 Stunden finster ist - **Polarnacht**
5. In der subpolaren Zone gibt es diese gefrorenen Böden - **Permafrostboeden**
6. Diese Tiere werden vom Menschen in der subpolaren Zone genutzt - **Rentiere**
7. Deutschland liegt in der **gemaessigten** Zone.
8. In Deutschland fällt **ganzjaehrig** Regen.
9. Die Subtropen werden in **trockene** und feuchte Subtropen unterteilt.
10. So nennt man es, wenn die Sonne senkrecht steht - **Zenit**
11. In den Tropen ist die Temperatur ganzjährig über **fuenfundzwanzig** °C.
12. So nennt man es, wenn die Temperaturamplituden zwischen Tag und Nacht größer sind als im Jahreslauf - **Tageszeitenklima**
13. So nennt man es, wenn die Temperaturamplituden im Jahresverlauf größer sind als zwischen Tag und Nacht - **Jahreszeitenklima**

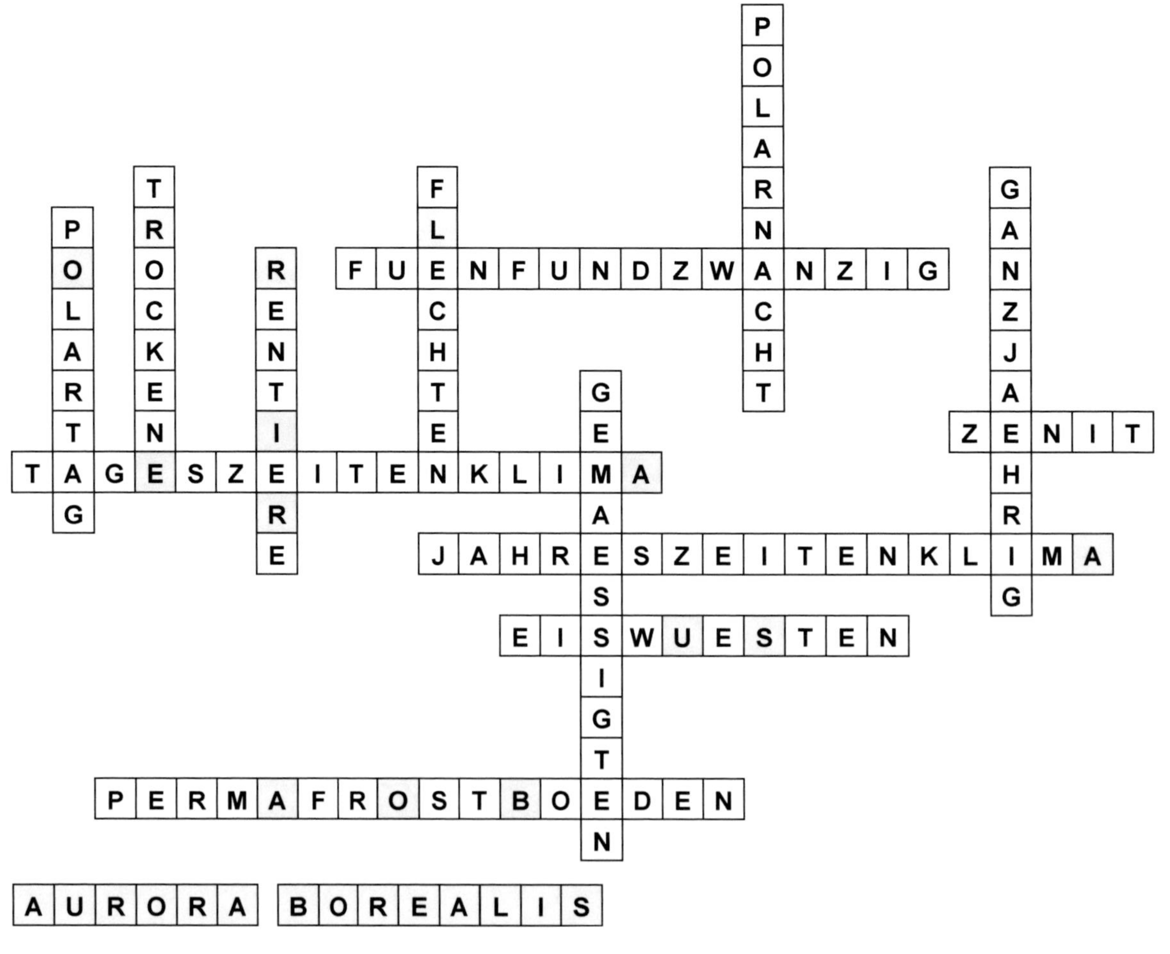

Wie gut kennst du die Klimazonen? (2)

Aufgabe 1: *Im folgenden Suchsel haben sich einige Fachbegriffe versteckt.*

BELEUCHTUNGSKLIMA – BODEN – BREITE – GEMAESSIGT – KLIMA – MEER – MEERESSTROEMUNG – NEIGUNG – NIEDERSCHLAG – POLAR – POLARNACHT – POLARTAG – RELIEF – SONNE – SONNENEINSTRAHLUNG – SUBPOLAR – SUBTROPISCH – TAGESZEITENKLIMA – TEMPERATUR – TROPISCH – WIND – WOLKEN – ZENIT

V	Z	H	A	F	W	P	H	U	V	N	Y	G	M	Q	O	B	R	R	G	V	E	F	G	Z	I	O	L
K	B	W	J	U	W	D	J	U	Z	V	G	B	T	T	O	T	Y	L	M	P	O	L	A	R	S	R	F
T	F	B	E	L	E	U	C	H	T	U	N	G	S	K	L	I	M	A	T	B	P	E	V	J	T	S	U
E	B	G	K	K	Q	X	L	H	Y	F	Z	W	W	J	A	Z	E	I	M	G	L	L	P	A	E	O	O
M	S	P	M	I	V	I	W	N	E	I	G	U	N	G	Y	C	E	G	E	V	A	N	O	Z	F	N	D
P	D	T	R	W	O	L	K	E	N	O	O	S	G	F	Z	F	R	I	E	K	L	O	L	M	V	N	O
E	V	C	F	V	E	Q	R	L	P	L	C	F	F	T	Y	L	E	T	R	H	U	D	A	V	V	E	O
R	F	M	N	D	X	O	X	H	P	B	R	M	U	Q	C	I	S	F	O	U	H	P	R	F	T	N	T
A	Z	M	I	L	C	P	W	M	K	U	R	S	S	S	C	E	S	O	N	N	E	A	T	U	O	E	A
T	K	A	E	U	T	K	M	O	Y	B	S	W	J	R	H	X	T	U	Y	I	A	R	A	K	G	I	U
U	L	A	D	O	L	P	U	U	S	P	Q	I	C	W	U	F	R	R	A	L	T	M	G	Q	E	N	N
R	I	N	E	C	T	G	M	G	W	Y	L	O	K	G	Y	V	O	C	H	D	I	T	K	R	D	S	V
N	M	Q	R	O	X	U	R	P	B	G	N	R	Y	I	Z	P	E	L	J	H	F	H	O	E	B	T	E
F	A	W	S	T	R	O	P	I	S	C	H	M	R	G	O	N	M	I	R	J	B	U	L	L	B	R	U
N	O	P	C	P	Q	K	I	C	Q	I	L	F	Z	R	S	C	U	T	M	U	J	V	A	I	F	A	R
G	P	O	H	S	E	Z	X	M	U	D	K	Z	I	V	Y	J	N	R	I	Y	Q	R	Q	E	X	H	G
R	F	L	L	T	C	D	C	C	B	C	W	O	U	K	B	D	G	P	X	S	X	P	Q	F	L	L	O
S	W	A	A	C	P	L	V	V	H	L	I	P	O	Q	U	Q	J	U	K	D	Q	P	B	X	I	U	R
V	X	R	G	J	F	Z	B	F	W	I	J	N	Y	F	U	C	G	P	V	V	E	Q	R	V	P	N	E
U	Y	N	G	H	E	J	Y	O	E	Z	A	P	M	T	H	L	H	F	X	A	O	D	E	F	F	G	S
M	H	A	S	P	F	K	S	T	C	G	B	O	D	E	N	X	K	M	S	K	P	R	I	A	Y	S	U
P	L	C	W	H	Y	H	W	I	N	D	E	S	U	B	T	R	O	P	I	S	C	H	T	J	M	J	X
X	O	H	N	B	S	J	T	B	X	X	J	P	S	Z	J	W	T	Y	O	B	F	L	E	E	S	A	I
J	S	T	P	B	E	T	D	K	E	O	B	Q	N	V	D	L	M	B	V	M	Y	Z	G	L	T	A	E
Z	E	N	I	T	Z	I	Y	A	W	E	N	P	T	G	E	M	A	E	S	S	I	G	T	S	X	C	K
F	V	X	Y	G	T	A	G	E	S	Z	E	I	T	E	N	K	L	I	M	A	I	L	V	Z	Z	T	M
H	V	R	W	W	F	J	X	O	D	M	P	G	Z	C	O	E	O	E	B	B	E	Q	H	G	Y	O	X
R	U	O	B	S	U	B	P	O	L	A	R	G	U	R	T	T	H	P	I	Q	T	F	I	T	O	F	D

Aufgabe 2: *Kreuze an, ob die folgenden Aussagen wahr oder falsch sind.*

	wahr	falsch
Klimaelemente sind notwendig, um das Klima zu beschreiben.		
Beim Beleuchtungszonenklima berücksichtigt man die Rolle von Winden bei der Entstehung des Klimas.		
Trockene Regionen werden als „humid“ bezeichnet.		
Die Sonne spielt bei der Entstehung des Klimas die wichtigste Rolle.		
Das Wort „Klima“ stammt vom Altgriechischen Wort für „Wende“.		
In den Tropen steht die Sonne viermal im Zenit.		

Klimazonen an Stationen / Sekundarstufe – Bestell-Nr. 12 948

Lösung

Wie gut kennst du die Klimazonen? (2)

Aufgabe 1:

V	Z	H	A	F	W	P	H	U	V	N	Y	G	M	Q	O	B	R	R	G	V	E	F	G	Z	I	O	L
K	B	W	J	U	W	D	J	U	Z	V	G	B	T	T	O	T	Y	L	M	P	O	L	A	R	S	R	F
T	F	B	E	L	E	U	C	H	T	U	N	G	S	K	L	I	M	A	T	B	P	E	V	J	T	S	U
E	B	G	K	K	Q	X	L	H	Y	F	Z	W	W	J	A	Z	E	I	M	G	L	L	P	A	E	O	O
M	S	P	M	I	V	I	W	N	E	I	G	U	N	G	Y	C	E	G	E	V	A	N	O	Z	F	N	D
P	D	T	R	W	O	L	K	E	N	O	O	S	G	F	Z	F	R	I	E	K	L	O	L	M	V	N	O
E	V	C	F	V	E	Q	R	L	P	L	C	F	F	T	Y	L	E	T	R	H	U	D	A	V	V	E	O
R	F	M	N	D	X	O	X	H	P	B	R	M	U	Q	C	I	S	F	O	U	H	P	R	F	T	N	T
A	Z	M	I	L	C	P	W	M	K	U	R	S	S	S	C	E	S	O	N	N	E	A	T	U	O	E	A
T	K	A	E	U	T	K	M	O	Y	B	S	W	J	R	H	X	T	U	Y	I	A	R	A	K	G	I	U
U	L	A	D	O	L	P	U	U	S	P	Q	I	C	W	U	F	R	R	A	L	T	M	G	Q	E	N	N
R	I	N	E	C	T	G	M	G	W	Y	L	O	K	G	Y	V	O	C	H	D	I	T	K	R	D	S	V
N	M	Q	R	O	X	U	R	P	B	G	N	R	Y	I	Z	P	E	L	J	H	F	H	O	E	B	T	E
F	A	W	S	T	R	O	P	I	S	C	H	M	R	G	O	N	M	I	R	J	B	U	L	L	B	R	U
N	O	P	C	P	Q	K	I	C	Q	I	L	F	Z	R	S	C	U	T	M	U	J	V	A	I	F	A	R
G	P	O	H	S	E	Z	X	M	U	D	K	Z	I	V	Y	J	N	R	I	Y	Q	R	Q	E	X	H	G
R	F	L	L	T	C	D	C	C	B	C	W	O	U	K	B	D	G	P	X	S	X	P	Q	F	L	L	O
S	W	A	A	C	P	L	V	V	H	L	I	P	O	Q	U	Q	J	U	K	D	Q	P	B	X	I	U	R
V	X	R	G	J	F	Z	B	F	W	I	J	N	Y	F	U	C	G	P	V	V	E	Q	R	V	P	N	E
U	Y	N	G	H	E	J	Y	O	E	Z	A	P	M	T	H	L	H	F	X	A	O	D	E	F	F	G	S
M	H	A	S	P	F	K	S	T	C	G	B	O	D	E	N	X	K	M	S	K	P	R	I	A	Y	S	U
P	L	C	W	H	Y	H	W	I	N	D	E	S	U	B	T	R	O	P	I	S	C	H	T	J	M	J	X
X	O	H	N	B	S	J	T	B	X	X	J	P	S	Z	J	W	T	Y	O	B	F	L	E	E	S	A	I
J	S	T	P	B	E	T	D	K	E	O	B	Q	N	V	D	L	M	B	V	M	Y	Z	G	L	T	A	E
Z	E	N	I	T	Z	I	Y	A	W	E	N	P	T	G	E	M	A	E	S	S	I	G	T	S	X	C	K
F	V	X	Y	G	T	A	G	E	S	Z	E	I	T	E	N	K	L	I	M	A	I	L	V	Z	Z	T	M
H	V	R	W	W	F	J	X	O	D	M	P	G	Z	C	O	E	O	E	B	B	E	Q	H	G	Y	O	X
R	U	O	B	S	U	B	P	O	L	A	R	G	U	R	T	T	H	P	I	Q	T	F	I	T	O	F	D

Aufgabe 2:

	wahr	falsch
Klimaelemente sind notwendig, um das Klima zu beschreiben.	X	
Beim Beleuchtungszonenklima berücksichtigt man die Rolle von Winden bei der Entstehung des Klimas.		X
Trockene Regionen werden als „humid“ bezeichnet.		X
Die Sonne spielt bei der Entstehung des Klimas die wichtigste Rolle.	X	
Das Wort „Klima“ stammt vom Altgriechischen Wort für „Wende“.		X
In den Tropen steht die Sonne viermal im Zenit.		X

Wir arbeiten mit dem Atlas!

(5) Polar
(3) Subpolar
(1) Gemäßigt
(2) Subtropisch
(4) Tropisch

<u>Aufgabe</u>: *Nimm Deinen Atlas zur Hilfe und finde zu jeder Klimazone mindestens drei Städte (Ausnahme: polare Zone - 1 Inselgruppe). Vergleiche anschließend die Ergebnisse mit einem Partner/einer Partnerin. (Hinweis: Beispiele finden sich auch in der Musterlösung)*

Tropen	Subtropen	Gemäßigte Zone	Subpolare Zone	Polare Zone

KOHL VERLAG Klimazonen an Stationen / Sekundarstufe – Bestell-Nr. 12 948

Lösung

Wir arbeiten mit dem Atlas!

Aufgabe:

Tropen	Subtropen	Gemäßigte Zone	Subpolare Zone	Polare Zone
Rio de Janeiro Bogota Nairobi	San Francisco New Orleans Casablanca	New York Amsterdam Berlin	Anchorage Murmansk Whitehorse	Spitzbergen

Gibt es noch andere Möglichkeiten das Klima einzuteilen?

Für viele Wissenschaftlerinnen und Forscher war es nicht zufriedenstellend, dass bei der Einteilung der Erde in fünf Klimazonen Orte mit ganz unterschiedlichen Lebensbedingungen und sehr unterschiedlicher Tier- und Pflanzenwelt zusammengefasst werden. Daher versucht man bis heute, Einteilungen zu finden, die für Menschen hilfreich und nützlich sowie gleichzeitig wissenschaftlich begründet sind. Die Geographen Flohn, Neef und Kupfer haben die Bedeutung von Winden für die Entstehung und Ordnung von Klimaten herausgestellt.
Hermann Flohn unterscheidet vier Windsysteme:

- die äquatoriale Westwindzone,
- die subtropische Trocken- oder Passatzone,
- die außertropische Westwindzone sowie
- die hochpolare Ostwindzone.

Neef bezeichnet diese als stetige Klimazonen, da die Zirkulation im Jahreslauf kaum Änderungen unterliegt.
Des Weiteren unterscheidet Flohn noch das Randtropenklima mit sommerlichem Zenitalregen und winterlichem Passat sowie die subtropische Winterregenzone mit winterlichen Westwinden und sommerlichem Subtropenhoch (Mittelmeer) und die subpolare Zone mit winterlichem polarem Ostwind und sommerlichem Westwind. Da die Entstehung (Genese) des Klimas bei dieser wissenschaftlichen Theorie im Vordergrund steht, wird diese Art der Klimaklassifikation als genetische Klimaklassifikation bezeichnet.
Andere Forschende empfinden diese Art der Einteilung als unzureichend. Für sie ist die Einteilung nach bestimmten Klimaelementen am sinnvollsten, da sich die Wirkungen des Klimas so miteinbeziehen lassen (z. B. Vegetation). Diese Ansätze sind im Allgemeinen näher an der vorherrschenden Wirklichkeit (z. B. Tier- und Pflanzenwelt) dran und werden als effektive Klimaklassifikation bezeichnet. Die wissenschaftliche Theorie von Jürgen Schultz basiert auf der Theorie von Troll und Paffen und unterteilt die Erde in neun typische Ökozonen, die allesamt deutlich voneinander abgrenzbare Klimamerkmale beinhalten.

Aufgabe: *Notiere stichpunktartig die Besonderheiten von genetischen und effektiven Klimaklassifikationen.*

Genetische Klimaklassifikation	Effektive Klimaklassifikation

Lösung

Gibt es noch andere Möglichkeiten das Klima einzuteilen?

Aufgabe:

Genetische Klimaklassifikation	Effektive Klimaklassifikation
Die Entstehung (Genese) des Klimas steht bei dieser wissenschaftlichen Theorie im Vordergrund. Große Bedeutung der Winde für die Entstehung des Klimas.	Die Einteilung nach bestimmten Klimaelementen ist am sinnvollsten, da sich die Wirkungen des Klimas so miteinbeziehen lassen (z. B. Vegetation). Diese Ansätze sind im Allgemeinen näher an der vorherrschenden Wirklichkeit (z. B. Tier- und Pflanzenwelt)

Die polare/subpolare Zone (nach Schultz)

Die polare/subpolare Zone weist die folgenden klimatischen Umweltbedingungen auf: Die Tageslängen sind extrem (Polartag bzw. Polarnacht). Der Sonneneinstrahlungswinkel ist niedrig. Die Winter sind lang und kalt. 9 Monate fällt Schnee. Die Sommer sind kurz und kühl, da der meiste Teil der einfallenden Sonnenstrahlung reflektiert wird (weiße Eis- bzw. Schneeschicht). Die Vegetation reicht von polaren Eiswüsten bis zu Zwergstrauch-, Wiesen-, Moos- und Flechtentundren (Tundren = Mehrzahl von Tundra). Im Lebensraum Tundra sind gleichwarme Säugetiere und Vögel, wie z. B. Rentiere, Karibus, Moschusochsen, Lemminge, Polarhasen, Schneehühner, Schneeeulen, Robben, Walrosse, Eisbären, Alken, vorherrschend. Die meisten dieser Lebewesen haben Winterquartiere in wärmeren Zonen, die übrigen profitieren vom Kälteschutz der winterlichen Schneedecke sowie vom dichten, häufig weißen Winterfell.
Die Landnutzung ist nur eingeschränkt möglich. Die Bevölkerungsdichte ist sehr niedrig. Ackerbau ist nicht möglich. Teilweise findet eine nomadische Lebensweise statt (Rentierhaltung). Im eurasischen Bereich wird Fisch- und Robbenfang praktiziert, punktuell wird auch Bergbau betrieben.

Aufgabe: *Ergänze stichpunktartig die dazugehörigen Besonderheiten.*

Klima	Tier- und Pflanzenwelt	Nutzung durch den Menschen

Lösung

Die polare/subpolare Zone (nach Schultz)

Aufgabe:

Klima	Tier- und Pflanzenwelt	Nutzung durch den Menschen
Polartag bzw. Polarnacht Sonneneinstrahlungswinkel ist niedrig Winter sind lang und kalt 9 Monate fällt Schnee Sommer sind kurz und kühl	Polare Eiswüsten Tundren Gleichwarme Säugetiere und Vögel mit Winterquartieren in wärmeren Zonen	Landnutzung nur eingeschränkt möglich Kein Ackerbau Rentierhaltung Fisch- und Robbenfang Bergbau

Die boreale Zone (nach Schultz)

Die boreale Zone zeichnet sich durch ganzjährig niedrige Sonnenstände aus. Die Tageslängen schwanken zwischen 16 und 24 Stunden bzw. zwischen 0 und 8 Stunden. Die Sommer sind mäßig warm. Vier bis sechs Monate weisen eine höhere Temperatur als 5 °C auf, davon mindestens 2 bis 3 mit einer Temperatur zwischen zehn und 18 °C. Die Winter sind lang und kalt und es sind sechs bis sieben Monate mit einer geschlossenen Schneedecke. Der Jahresniederschlag liegt zwischen 250 und 500 mm, wobei der Regenanteil größer als der Schneeanteil ist. Die Vegetationsperiode dauert vier bis fünf Monate. Die Vegetation zeichnet sich durch artenarme Nadelwälder oder Torfmoore aus. Im Übergangsbereich zwischen polarer/subpolarer Zone und borealer Zone gibt es die Waldtundra. Als typische Nadelbäume sind Fichten, Kiefern, Tannen und Lärchen zu nennen. Typische Laubbäume sind Birken, Pappeln, Weiden, Ebereschen und Erlen. Verschiedene Tiere wie Elche, Hirsche, Bären, Biber, Wölfe, Füchse und Schneehasen leben in diesem Lebensraum. Die Wildbestandsdichte ist aber gering. Als Strategien zur Überwinterung kommt es häufig zum Winterschlaf oder aber zur Abwanderung (z. B. Zugvögel). Die Bevölkerungsdichte ist mäßig gering. Die wichtigsten Wirtschaftszweige sind Bergbau, Holznutzung, Abbau von Torf. In früheren Zeiten spielte die Pelztierjagd eine größere Rolle. In geringer Weise findet Ackerbau statt (Gerste, Hafer, Roggen, Kartoffeln. Im eurasischen Bereich gibt es nomadische Rentierhaltung, in Nordamerika wird der Versuch unternommen eine Wildbewirtschaftung zu etablieren (z. B. Karibu). Regional spielt der Tourismus als Einnahmequelle eine große Rolle.

<u>Aufgabe</u>: *Ergänze stichpunkartig dazugehörige Besonderheiten.*

Klima	Tier- und Pflanzenwelt	Nutzung durch den Menschen

Lösung

Die boreale Zone (nach Schultz)

Aufgabe:

Klima	Tier- und Pflanzenwelt	Nutzung durch den Menschen
Niedrige Sonnenstände Tageslängen 16 - 24 h Lange und kalte Winter 250 - 500 mm Niederschlag Vegetationsperiode 4 - 5 Monate	Artenarme Nadelwälder Torfmoore Waldtundra Geringe Wildbestandsdichte	Bergbau Holznutzung Abbau von Torf Pelztierjagd Wenig Ackerbau Rentierhaltung Tourismus

Die feuchten Mittelbreiten (nach Schultz)

Die feuchten Mittelbreiten weisen Tageslängen mit bis zu 16 Stunden im Sommer sowie mehr als 8 Stunden im Winter auf. Der Witterungsverlauf ist hochgradig unbeständig und stark von Niederschlagsfronten und Wetterluftmassen beeinflusst. Es findet ein ausgeprägter Wechsel zwischen den Jahreszeiten statt mit längeren Übergangszeiten (Frühling und Herbst). Die winterliche Abkühlung und die sommerliche Erwärmung ist geringer als in den nördlich und südlich anschließenden Ökozonen, weshalb man von einem gemäßigten Klima sprechen kann. Die Jahresniederschläge liegen zwischen 500 und 1000 mm, im Winter fällt teilweise Schnee. Die Vegetationsperiode dauert 6 - 12 Monate. Die Vegetation zeichnet sich durch artenreiche, sommergrüne Laub- und Mischwälder aus. Der Pflanzenbewuchs ist je nach Jahreszeit sehr unterschiedlich. Im Herbst kommt es zur Laubverfärbung oder zum Blattfall. Die Sprossen krautiger Pflanzen sterben häufig ab. Nach der Winterruhe kommt es zum Wiedererwachen des Lebens. Zuerst erscheinen Frühblüher, später folgt der Laubaustrieb bei Laubbäumen. Die feuchten Mittelbreiten dienen als Überwinterungsmöglichkeit für viele arktische und subarktische Vogelarten. Von den heimischen Vögeln ziehen die Insektenfresser im Winter nach Süden. Andere Tiere halten Winterruhe, Winterschlaf oder Kältestarre. Insekten überdauern häufig als Larven oder Puppen. Die Landnutzung der nördlichen Hemisphäre ist geprägt von Bevölkerungszentren. Gleichzeitig finden sich hier die wirtschaftlich stärksten Regionen der Erde (Industriestaaten). Sehr hohe Flächenanteile sind in agrar- und forstwirtschaftlicher Nutzung. Typische Ackerprodukte sind Weizen, Mais, Roggen, Gerste, Hafer, Zuckerrüben, Kartoffeln, Klee und Futterrüben sowie Raps und Obst.

Aufgabe: *Ergänze stichpunktartig die dazugehörigen Besonderheiten.*

Klima	Tier- und Pflanzenwelt	Nutzung durch den Menschen

Lösung

Die feuchten Mittelbreiten (nach Schultz)

Aufgabe:

Klima	Tier- und Pflanzenwelt	Nutzung durch den Menschen
Tageslänge 16 h im Sommer, rund 8 h im Winter Witterungsverlauf unbeständig Gemäßigtes Klima	Artenreiche sommergrüne Laub- und Mischwälder Laubverfärbung im Herbst Überwinterungsmöglichkeit für arktische und subarktische Vogelarten	Bevölkerungszentren Wirtschaftlich stark Agrar- und forstwirtschaftliche Nutzung (Weizen, Mais, Roggen, Gerste, Hafer, Zuckerrüben, Kartoffeln, Klee, Futterrüben, Raps und Obst)

Die trockenen Mittelbreiten (nach Schultz)

Die trockenen Mittelbreiten sind meist winterkalt und sommerheiß. Die Jahresniederschläge betragen bis zu 600 mm, teilweise als Schnee. Die Vegetationsperiode umfasst 2 - 4 Monate mit Regenfällen zwischen 100 und 200 mm. Die Sonneneinstrahlung zur Sommerzeit ist fast so hoch wie zur selben Zeit in tropischen und subtropischen Trockengebieten.
Die Vegetation ist geprägt von Grasfluren aus vorwiegend mehrjährigen Gräsern und Kräutern. Je nach Trockenheit wechseln sich Langgras(feucht-)steppen über Mischgrassteppen bis hin zu Kurzgras(trocken-)steppen ab.
Ursprünglich lebten in dieser Zone große Herden von pflanzenfressenden Großsäugern wie Bisons oder Tarpane (Wildpferde). Nagetiere sind immer noch häufig und bedeutsam für organische Stoffumsätze. Insgesamt gibt es eine hohe Artenvielfalt und eine große Dichte an Greifvögeln.
Der Mensch nutzt diese Ökozone schwerpunktmäßig landwirtschaftlich, entweder durch Ackerwirtschaft (Weizen) oder durch Weidewirtschaft (Ranching). Die Weizenbaubetriebe erzeugen über 50 % der Welternte.

Aufgabe: *Ergänze stichpunktartig die dazugehörigen Besonderheiten.*

Klima	Tier- und Pflanzenwelt	Nutzung durch den Menschen

Lösung

Die trockenen Mittelbreiten (nach Schultz)

Aufgabe:

Klima	Tier- und Pflanzenwelt	Nutzung durch den Menschen
Winterkalt Sommerheiß Niederschläge bis zu 600 mm 2-4 Mon. Vegetationsperiode, hohe Sonneneinstrahlung im Sommer	Grasfluren Pflanzenfressende Großsäuger Hohe Artenvielfalt Große Dichte an Greifvögeln	Ackerwirtschaft (Weizen: 50 % der Welternte) Weidewirtschaft (Ranching)

Die winterfeuchten Subtropen (nach Schultz)

In den winterfeuchten Subtropen sind die Sommer warm und trocken. Mindestens 4 Monate weisen eine Temperatur über 18 °C auf.
Die Winter sind kühl und feucht, wobei es normalerweise kein Frost gibt. Heftige Winterstürme sind möglich. Es gibt 6-9 feuchte (humide) Monate, die identisch mit der Vegetationsperiode sind.
Die Vegetation zeichnet sich durch einen hohen Artenreichtum aus. Im Sommer gibt es Dürrestress. Ursprünglich waren immergrüne Hartlaubwälder vorherrschend, heute meist nur noch Hartlaubsträucher.
Die Landnutzung zeichnet sich durch mittelhohe bis hohe Bevölkerungsdichten aus. In küstennahen Gebieten spielt der Tourismus eine große Rolle. Des Weiteren spielt auch der Anbau von Wein, Ölbäumen, Mandeln, Feigen, Pfirsichen, Aprikosen und Zitrusfrüchten eine große Rolle. Ebenfalls von Bedeutung ist der Anbau von Reis, Baumwolle, Mais sowie Weizen, Feldgemüse und Kartoffeln. In den Bergländern spielt die Weidenutzung (Schafe, Ziegen) weiterhin eine Rolle.

Aufgabe: *Ergänze stichpunktartig die dazugehörigen Besonderheiten.*

Klima	Tier- und Pflanzenwelt	Nutzung durch den Menschen

KOHL VERLAG Klimazonen an Stationen / Sekundarstufe – Bestell-Nr. 12 948

Lösung

Die winterfeuchten Subtropen (nach Schultz)

Aufgabe:

Klima	Tier- und Pflanzenwelt	Nutzung durch den Menschen
Sommer warm und trocken Mind. 4 Monate eine Temperatur über 18 °C Winter kühl und feucht (kein Frost) 6 - 9 feuchte (humide) Monate	Artenreichtum hoch Dürrestress im Sommer Ursprünglich Hartlaub wälder, heute meist Hartlaubsträucher	Mittelhohe bis hohe Bevölkerungsdichte Tourismus Anbau von Wein, Ölbäumen, Mandeln, Feigen, Pfirsichen, Aprikosen, Zitrusfrüchten, Reis, Baumwolle, Mais, Weizen, Feldgemüse, Kartoffeln

Die immerfeuchten Subtropen (nach Schultz)

Die immerfeuchten Subtropen weisen ganzjährig hohe Niederschläge auf, wobei der Höhepunkt im Sommer liegt. Die Durchschnittstemperaturen betragen vier Monate lang mindestens 18 °C. Die kältesten Monate liegen über 4 °C, wobei regelmäßig leichte Fröste (bis -10 °C) vorkommen können.
Heute sind Wälder fast überall gerodet und durch Kulturland ersetzt. Früher wuchsen üppige Regenwälder in Küstennähe oder halbimmergrüne Feuchtwälder. Die Vegetationsperiode ist grundsätzlich ganzjährig.
Die Immerfeuchten Subtropen sind meist dicht besiedelt und zeichnen sich durch eine fortschrittliche Wirtschaftsentwicklung aus. Vorherrschende Nutzpflanzen sind Erdnüsse, Reis, Soja, Sesam, Baumwolle und Tabak, aber auch Tee und Zitrusfrüchte.

Aufgabe: *Ergänze stichpunktartig die dazugehörigen Besonderheiten.*

Klima	Tier- und Pflanzenwelt	Nutzung durch den Menschen

Lösung

Die immerfeuchten Subtropen (nach Schultz)

Aufgabe:

Klima	Tier- und Pflanzenwelt	Nutzung durch den Menschen
Ganzjährig hohe Niederschläge Höhepunkt im Sommer Durchschnittstemperaturen vier Monate lang höher als 18 °C Kälteste Monate über 4 °C Leichte Fröste möglich	Wälder gerodet und durch Kulturland ersetzt Ursprünglich üppige Regenwälder in Küstennähe und halbimmergrüne Feuchtwälder ganzjährige Vegetationsperiode	Meist dicht besiedelt Fortschrittliche Wirtschaftsentwicklung Vorherrschende Nutzpflanzen: Erdnüsse, Reis, Soja, Sesam, Baumwolle, Tabak, Tee, Zitrusfrüchte

Die tropischen und subtropischen Trockengebiete (nach Schultz)

Die Jahresniederschläge in den tropischen und subtropischen Trockengebieten betragen zwischen 250 und 500 mm. Diese fallen während weniger Sommermonate. Die Vegetationsperiode dauert ungefähr 2-4 Monate.
Pflanzen, die dort wachsen, umfassen Grasfluren sowie geschlossene Baum- und Strauchbestände. Holzige Pflanzen sind von geringer Wuchshöhe und haben feingefiederte Blätter und Dornen. Viele von ihnen verlieren während der Trockenzeit ihr Laub. Pflanzen, die in der Lage sind Wasser zu speichern (Sukkulenten), trifft man ebenfalls an.
Die Tierwelt ist reich an Großwild. Dieses ist zu saisonalen Wanderungen gedrängt, da in der Trockenzeit wenig Wasserstellen verbleiben.
Die Landnutzung ist durch starke Tierhaltung (Rinder, Schafe, Ziegen) in Form eines Ranching gekennzeichnet. Regenfeldbau erfolgt nur mit besonders schnellwüchsigen und trockenresistenten Nutzpflanzen (z. B. Soja). In vielen Gebieten kommt es durch Überweidung und übermäßigen Rodungen zur Verwüstung (Desertifikation).

Aufgabe: *Ergänze stichpunktartig die dazugehörigen Besonderheiten.*

Klima	Tier- und Pflanzenwelt	Nutzung durch den Menschen

Lösung

Die tropischen und subtropischen Trockengebiete (nach Schultz)

Aufgabe:

Klima	Tier- und Pflanzenwelt	Nutzung durch den Menschen
Jahresniederschläge zwischen 250 u. 500 mm Vegetationsperiode dauert 2 - 4 Monate	Grasflure Geschlossene Baum- und Strauchbestände Sukkulenten Großwild	Ranching (exzessive Tierhaltung) Regenfeldbau (z. B. Soja) Durch Überweidung und übermäßige Rodungen kommt es häufig zur Verwüstung

Die sommerfeuchten Tropen (nach Schultz)

Die Tageslängen weichen im Jahresverlauf lediglich um bis zu 1 Stunde vom 12-Stunden-Rhythmus ab. Die Sonneneinstrahlung ist ganzjährig sehr hoch. Alle Monate weisen eine Temperatur über 18 °C auf. Die Winter sind deutlich kühler als die Sommer. Je nach Niederschlagsmenge und -dauer unterscheidet man zwischen Trockensavanne (weniger als 7 Regenmonate) und Feuchtsavanne (mehr als 7 Regenmonate). Die Vegetation zeichnet sich durch eine geschlossene Grasdecke sowie einer unzusammenhängenden Baum- und Strauchschicht aus. Die Wuchshöhe von Pflanzen ist in feuchteren Gebieten höher als in Trockengebieten (Hochgrassavannen und Kurzgrassavannen). Die Dichte des Baumbestandes ist nicht klimaabhängig, sondern vom Menschen verursacht. Die Tierwelt zeichnet sich durch eine reichhaltige Insekten- und Spinnenfauna aus. Hohe Artenzahlen finden sich auch bei Reptilien, Vögeln und Großsäugern in Afrika. Die landwirtschaftliche Nutzung profitiert von relativ hohen Niederschlägen sowie fruchtbareren Böden und längerer Sonneneinstrahlung. Wichtige Anbaufrüchte sind Mais und Hirse, aber auch Tabak, Erdnüsse und Weizen. Das Ranching findet gelegentlich in Verbindung mit Wildtierbewirtschaftung ebenfalls Verwendung.

Aufgabe: *Ergänze stichpunktartig die dazugehörigen Besonderheiten.*

Klima	Tier- und Pflanzenwelt	Nutzung durch den Menschen

Die sommerfeuchten Tropen (nach Schultz)

Aufgabe:

Klima	Tier- und Pflanzenwelt	Nutzung durch den Menschen
Tageslänge ca. 12 Stunden Ganzjährig hohe Sonneneinstrahlung Alle Monate über 18 °C Winter kühler als Sommer	geschlossene Grasdecke, unzusammenhängende Baum- und Strauchschicht Die Wuchshöhe von Pflanzen ist in feuchteren Gebieten höher als in Trockengebieten (Hochgrassavannen und Kurzgrassavannen).	Mais Hirse Tabak Erdnüsse Weizen Ranching

Die immerfeuchten Tropen (nach Schultz)

Die immerfeuchten Tropen zeichnen sich durch einen gleichförmigen Jahresverlauf ohne Jahreszeiten aus. Die mittleren Temperaturen betragen das ganze Jahr zwischen 25 °C und 27 °C. Die Tageschwankungen liegen zwischen 6 °C und 11 °C (Tageszeitenklima). Ein Tag dauert jeweils fast genau 12 Stunden. Die Niederschläge fallen über das ganze Jahr verteilt und sind mit 2000 - 4000 mm sehr hoch. Zumeist gibt es im Jahresverlauf zwei Regenspitzen (doppelte Regenzeit). In den immerfeuchten Tropen herrscht ständig eine dichte Bewölkung und der Wasserdampfgehalt in der Luft ist sehr hoch. Die Vegetation ist von außerordentlich artenreichen immergrünen Laubwäldern geprägt, die als Regenwald bezeichnet werden. Die Tierwelt ist artenreich, aber wenig auffällig. Tierarten treten nur in geringer Individuenzahl auf und sind besonders wichtig für die Bestäubung von Pflanzen und die Verbreitung von Pflanzensamen. In den immerfeuchten Tropen ist die Bevölkerungsdichte gering. Durch Waldrodungen wird der Regenwald vernichtet. Die Nutzung des Bodens für landwirtschaftliche Zwecke ist aber nur eingeschränkt möglich, da die Böden sehr nährstoffarm sind. Maniok, Hirse und Mais werden häufig angebaut, in Südostasien auch Reis. Neuerdings werden zunehmend Nutzpflanzen wie Ölpalmen, Kautschuk oder Kakao angebaut. Zudem kommt es vermehrt zur Weidewirtschaft.

Aufgabe: *Ergänze stichpunktartig die dazugehörigen Besonderheiten.*

Klima	Tier- und Pflanzenwelt	Nutzung durch den Menschen

KOHL VERLAG Klimazonen an Stationen / Sekundarstufe – Bestell-Nr. 12 948

Lösung

Die immerfeuchten Tropen (nach Schultz)

Aufgabe:

Klima	Tier- und Pflanzenwelt	Nutzung durch den Menschen
gleichförmiger Jahresverlauf keine Jahreszeiten Tageszeitenklima ganzjährig hohe Niederschläge doppelte Regenzeit viel Wasserdampf	Regenwald artenreiche Tierwelt	geringe Bevölkerungsdichte landwirtschaftliche Nutzung nur eingeschränkt möglich Maniok, Hirse, Mais in Südostasien Reis Ölpalmen, Kautschuk, Kakao, Weidewirtschaft

Wir werten Klimadiagramme aus! (Grimastadir)

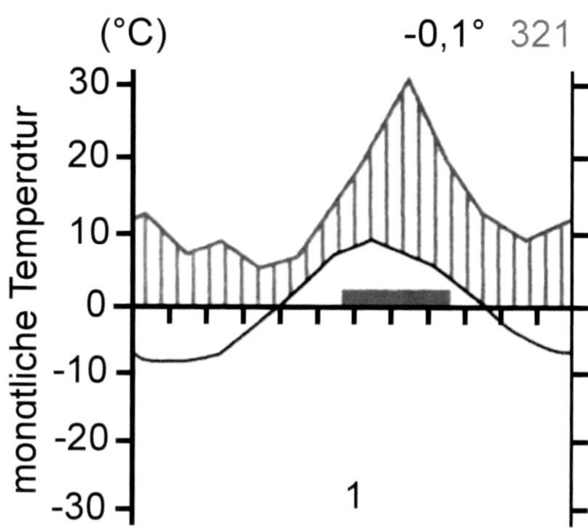

Aufgabe: *Lies die folgenden Werte aus dem Klimadiagramm ab:*

Mittlere jährliche Niederschlagssumme: ____________________

Mittlere Jahrestemperatur in °C: ____________________

Höhe der Station über NN in m: ____________________

Gib an, welche Monate humid (feucht) sind: ____________________

Gib an, welche Monate arid (trocken) sind: ____________________

Gib den wärmsten Monat an: ____________________

Gib den kältesten Monat an: ____________________

Gib den regenreichsten Monat an: ____________________

Gib den trockensten Monat an: ____________________

Gib die Temperaturamplitude an (Differenz zwischen niedrigstem und höchstem Wert): ____________________

Gib die Niederschlagsverteilung an:

____

Welcher Klima- bzw. Ökozone kann das Diagramm zugeordnet werden?

____

Klimazonen an Stationen / Sekundarstufe – Bestell-Nr. 12 948

Lösung

Wir werten Klimadiagramme aus! (Grimastadir)

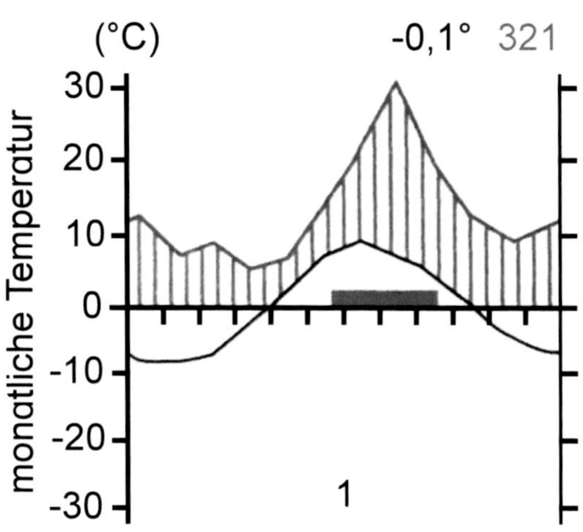

Mittlere jährliche Niederschlagssumme: **321 mm**

Mittlere Jahrestemperatur in °C: **- 0,1 °C**

Höhe der Station über NN in m: **381 m**

Gib an, welche Monate humid (feucht) sind: **Jan - Dez**

Gib an, welche Monate arid (trocken) sind: **keine**

Gib den wärmsten Monat an: **Juli**

Gib den kältesten Monat an: **Januar**

Gib den regenreichsten Monat an: **August**

Gib den trockensten Monat an: **April**

Gib die Temperaturamplitude an (Differenz zwischen niedrigstem und höchstem Wert): **18 °C**

Gib die Niederschlagsverteilung an:

ganzjährig Niederschläge, Hauptregenzeit ist der Sommer

Welcher Klima- bzw. Ökozone kann das Diagramm zugeordnet werden:
polare/subpolare Zone

Wir werten Klimadiagramme aus! **(Tschetyrekstolbovojostrov)**

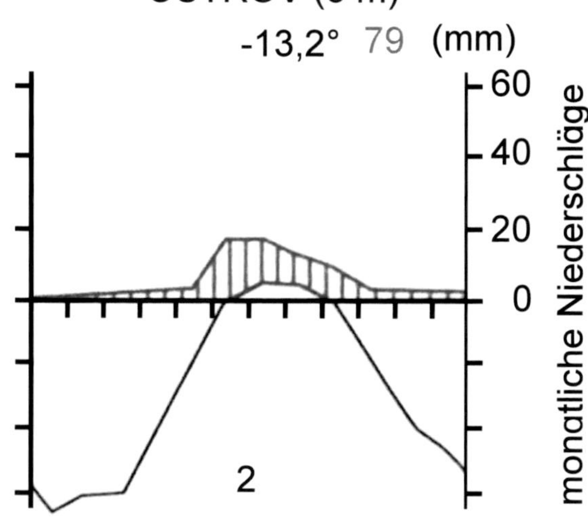

<u>Aufgabe</u>: *Lies die folgenden Werte aus dem Klimadiagramm ab:*

Mittlere jährliche Niederschlagssumme: ____________________

Mittlere Jahrestemperatur in °C: ____________________

Höhe der Station über NN in m: ____________________

Gib an, welche Monate humid (feucht) sind: ____________________

Gib an, welche Monate arid (trocken) sind: ____________________

Gib den wärmsten Monat an: ____________________

Gib den kältesten Monat an: ____________________

Gib den regenreichsten Monat an: ____________________

Gib den trockensten Monat an: ____________________

Gib die Temperaturamplitude an (Differenz zwischen niedrigstem und höchstem Wert): ____________________

Gib die Niederschlagsverteilung an:

____

Welcher Klima- bzw. Ökozone kann das Diagramm zugeordnet werden?

____

Klimazonen an Stationen / Sekundarstufe – Bestell-Nr. 12 948

Lösung

Wir werten Klimadiagramme aus! (Tschetyrekstolbovojostrov)

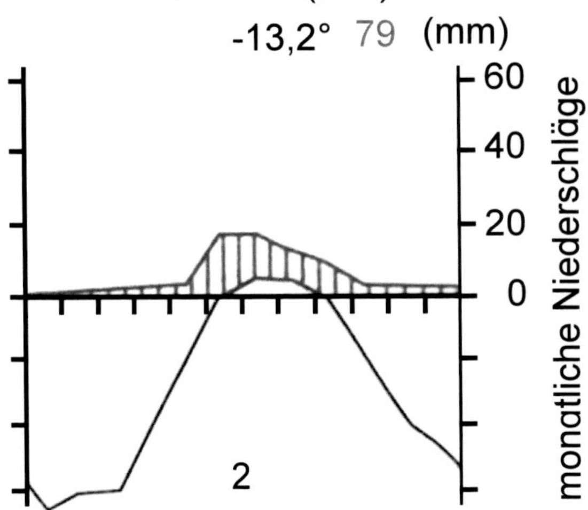

Mittlere jährliche Niederschlagssumme: **79 mm**

Mittlere Jahrestemperatur in °C: **- 13,2 °C**

Höhe der Station über NN in m: **6 m**

Gib an, welche Monate humid (feucht) sind: **Jun - Aug**

Gib an, welche Monate arid (trocken) sind: **Jan - Mai u. Sep - Dez (Eiswüste!)**

Gib den wärmsten Monat an: **Juli**

Gib den kältesten Monat an: **Januar**

Gib den regenreichsten Monat an: **Juli**

Gib den trockensten Monat an: **Januar**

Gib die Temperaturamplitude an (Differenz zwischen niedrigstem und höchstem Wert): **34 °C**

Gib die Niederschlagsverteilung an:

ganzjährig kaum Niederschläge;
Ausnahme: im Sommer geringe Niederschläge

Welcher Klima- bzw. Ökozone kann das Diagramm zugeordnet werden?
Polare/subpolare Zone

Wir werten Klimadiagramme aus! (Pokravska)

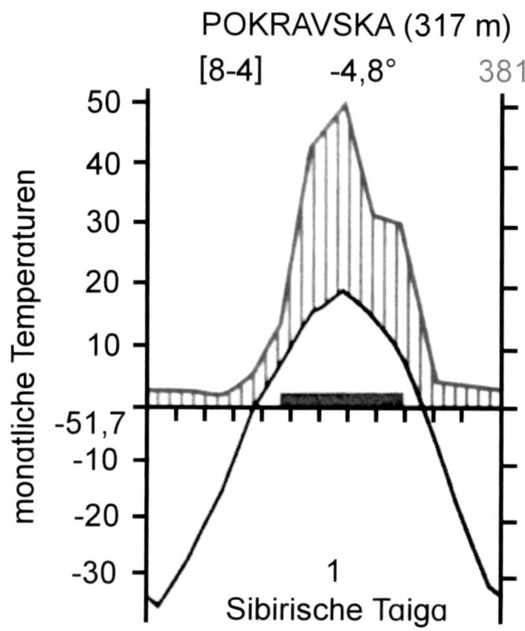

Aufgabe: *Lies die folgenden Werte aus dem Klimadiagramm ab:*

Mittlere jährliche Niederschlagssumme: ___________________

Mittlere Jahrestemperatur in °C: ___________________

Höhe der Station über NN in m: ___________________

Gib an, welche Monate humid (feucht) sind: ___________________

Gib an, welche Monate arid (trocken) sind: ___________________

Gib den wärmsten Monat an: ___________________

Gib den kältesten Monat an: ___________________

Gib den regenreichsten Monat an: ___________________

Gib den trockensten Monat an: ___________________

Gib die Temperaturamplitude an (Differenz zwischen niedrigstem und höchstem Wert): ___________________

Gib die Niederschlagsverteilung an:

____

Welcher Klima- bzw. Ökozone kann das Diagramm zugeordnet werden?

____

Lösung

Wir werten Klimadiagramme aus! (Pokravska)

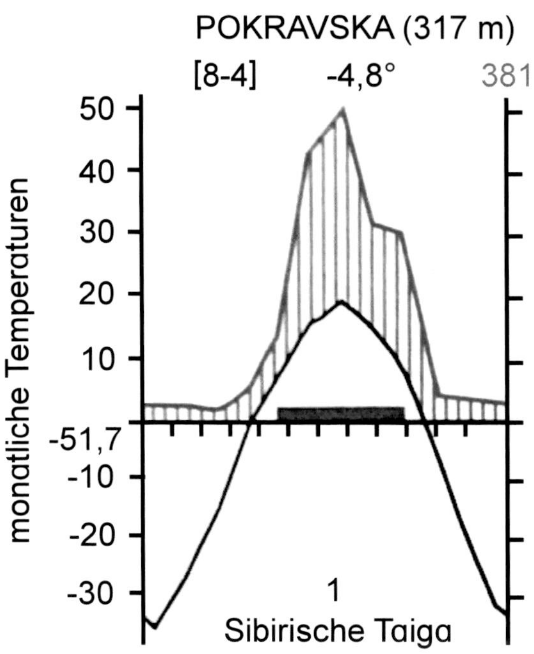

Mittlere jährliche Niederschlagssumme: **381 mm**

Mittlere Jahrestemperatur in °C: **- 4,8 °C**

Höhe der Station über NN in m: **317 m**

Gib an, welche Monate humid (feucht) sind: **alle**

Gib an, welche Monate arid (trocken) sind: **keine**

Gib den wärmsten Monat an: **Juli**

Gib den kältesten Monat an: **Januar**

Gib den regenreichsten Monat an: **Juli**

Gib den trockensten Monat an: **März**

Gib die Temperaturamplitude an (Differenz zwischen niedrigstem und höchstem Wert): **50 °C**

Gib die Niederschlagsverteilung an:

Hauptniederschlagszeit ist der Sommer

Welcher Klima- bzw. Ökozone kann das Diagramm zugeordnet werden:
Boreale Zone; subpolare Zone

Wir werten Klimadiagramme aus! (Anchorage)

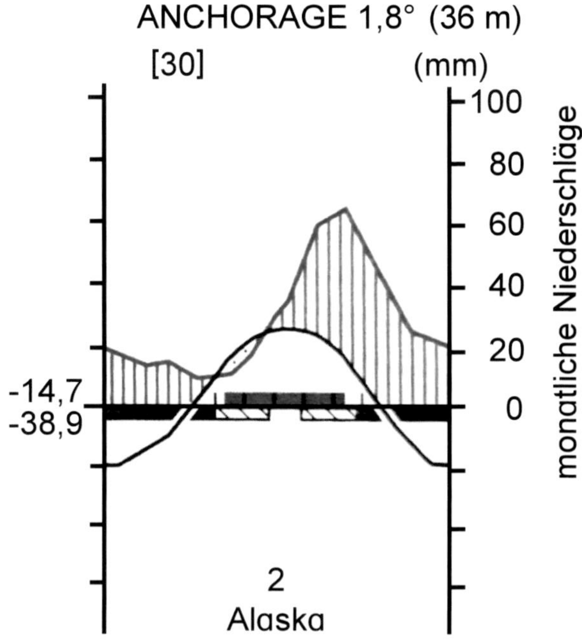

<u>**Aufgabe**</u>: *Lies die folgenden Werte aus dem Klimadiagramm ab:*

Mittlere jährliche Niederschlagssumme: ___________________

Mittlere Jahrestemperatur in °C: ___________________

Höhe der Station über NN in m: ___________________

Gib an, welche Monate humid (feucht) sind: ____________________________

Gib an, welche Monate arid (trocken) sind: ___________________

Gib den wärmsten Monat an: ___________________

Gib den kältesten Monat an: ___________________

Gib den regenreichsten Monat an: ___________________

Gib den trockensten Monat an: ___________________

Gib die Temperaturamplitude an (Differenz zwischen niedrigstem und höchstem Wert): _________________________

Gib die Niederschlagsverteilung an:

____

Welcher Klima- bzw. Ökozone kann das Diagramm zugeordnet werden?

____

KOHL VERLAG Klimazonen an Stationen / Sekundarstufe – Bestell-Nr. 12 948

Lösung

Wir werten Klimadiagramme aus! (Anchorage)

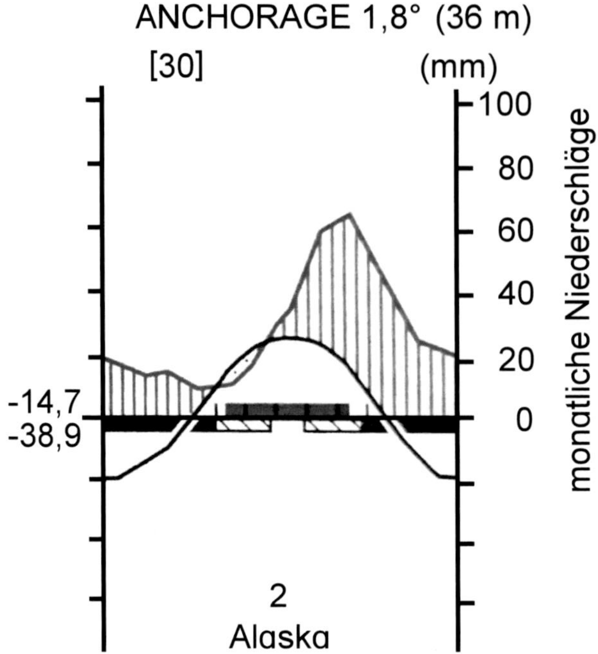

Mittlere jährliche Niederschlagssumme: **360 mm**

Mittlere Jahrestemperatur in °C: **1,8 °C**

Höhe der Station über NN in m: **36 m**

Gib an, welche Monate humid (feucht) sind: **alle (ohne Mai und Juni)**

Gib an, welche Monate arid (trocken) sind: **Mai, Juni**

Gib den wärmsten Monat an: **Juli**

Gib den kältesten Monat an: **Dezember**

Gib den regenreichsten Monat an: **September**

Gib den trockensten Monat an: **Mai**

Gib die Temperaturamplitude an (Differenz zwischen niedrigstem und höchstem Wert): **35 °C**

Gib die Niederschlagsverteilung an:

ganzjährig wenig Niederschläge;
Hauptniederschläge im September und Oktober

Welcher Klima- bzw. Ökozone kann das Diagramm zugeordnet werden:
Boreale Zone/subpolare Zone

Wir werten Klimadiagramme aus! (Brest)

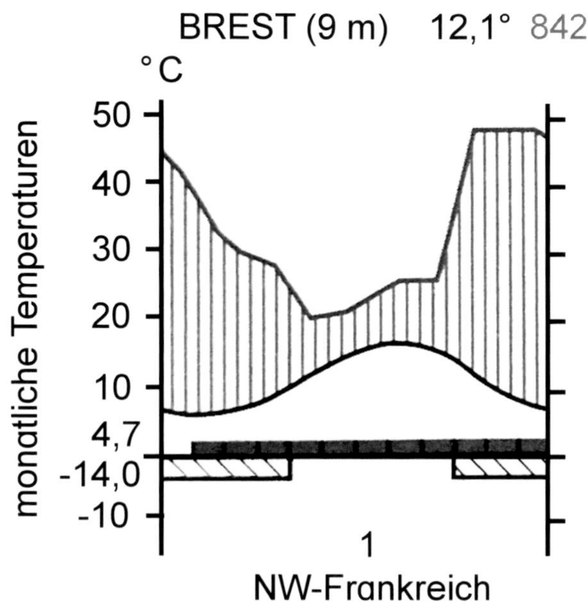

<u>Aufgabe</u>: *Lies die folgenden Werte aus dem Klimadiagramm ab:*

Mittlere jährliche Niederschlagssumme: ____________________

Mittlere Jahrestemperatur in °C: ____________________

Höhe der Station über NN in m: ____________________

Gib an, welche Monate humid (feucht) sind: ____________________

Gib an, welche Monate arid (trocken) sind: ____________________

Gib den wärmsten Monat an: ____________________

Gib den kältesten Monat an: ____________________

Gib den regenreichsten Monat an: ________________________________

Gib den trockensten Monat an: ____________________

Gib die Temperaturamplitude an (Differenz zwischen niedrigstem und höchstem Wert): ________________________

Gib die Niederschlagsverteilung an:

____

Welcher Klima- bzw. Ökozone kann das Diagramm zugeordnet werden?

____

KOHL VERLAG Klimazonen an Stationen / Sekundarstufe – Bestell-Nr. 12 948

Lösung

Wir werten Klimadiagramme aus! (Brest)

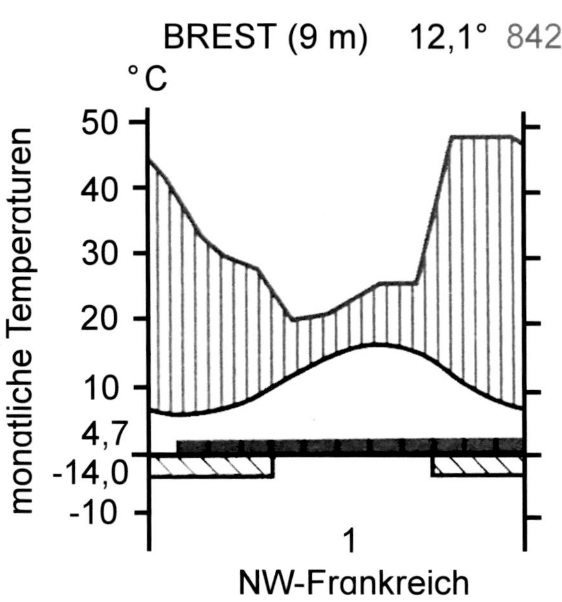

Mittlere jährliche Niederschlagssumme: **842 mm**

Mittlere Jahrestemperatur in °C: **12,1 °C**

Höhe der Station über NN in m: **9 m**

Gib an, welche Monate humid (feucht) sind: **alle**

Gib an, welche Monate arid (trocken) sind: **keine**

Gib den wärmsten Monat an: **Juli**

Gib den kältesten Monat an: **Februar**

Gib den regenreichsten Monat an: **Oktober/November**

Gib den trockensten Monat an: **Mai**

Gib die Temperaturamplitude an (Differenz zwischen niedrigstem und höchstem Wert): **10 °C**

Gib die Niederschlagsverteilung an:

ganzjährig feucht; Hauptniederschläge in Oktober, November und Dezember

Welcher Klima- bzw. Ökozone kann das Diagramm zugeordnet werden:
Feuchte Mittelbreiten/gemäßigte Zone

Wir werten Klimadiagramme aus! (Antung)

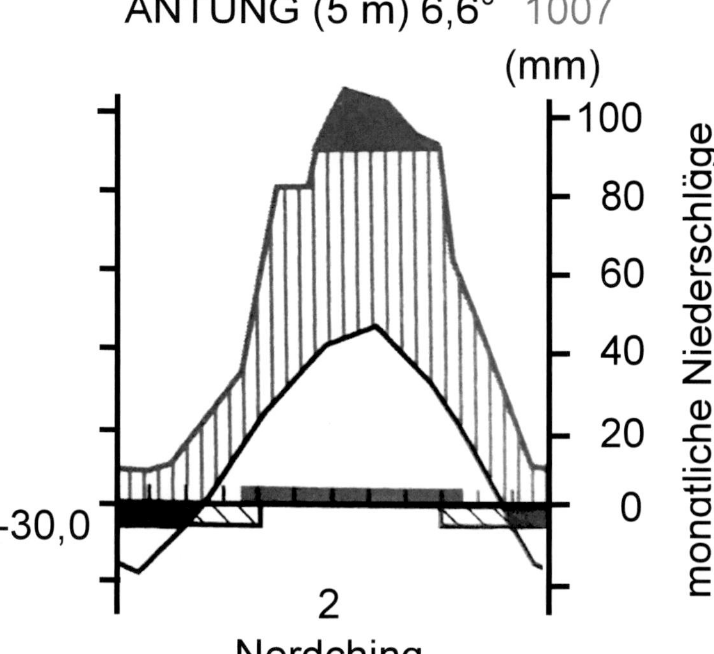

<u>Aufgabe</u>: *Lies die folgenden Werte aus dem Klimadiagramm ab:*

Mittlere jährliche Niederschlagssumme: ____________________

Mittlere Jahrestemperatur in °C: ____________________

Höhe der Station über NN in m: ____________________

Gib an, welche Monate humid (feucht) sind: ____________________

Gib an, welche Monate arid (trocken) sind: ____________________

Gib den wärmsten Monat an: ____________________

Gib den kältesten Monat an: ____________________

Gib den regenreichsten Monat an: ____________________

Gib den trockensten Monat an: ____________________

Gib die Temperaturamplitude an (Differenz zwischen niedrigstem und höchstem Wert): __________________________

Gib die Niederschlagsverteilung an:

____

Welcher Klima- bzw. Ökozone kann das Diagramm zugeordnet werden?

____

KOHL VERLAG Klimazonen an Stationen / Sekundarstufe – Bestell-Nr. 12 948

Lösung

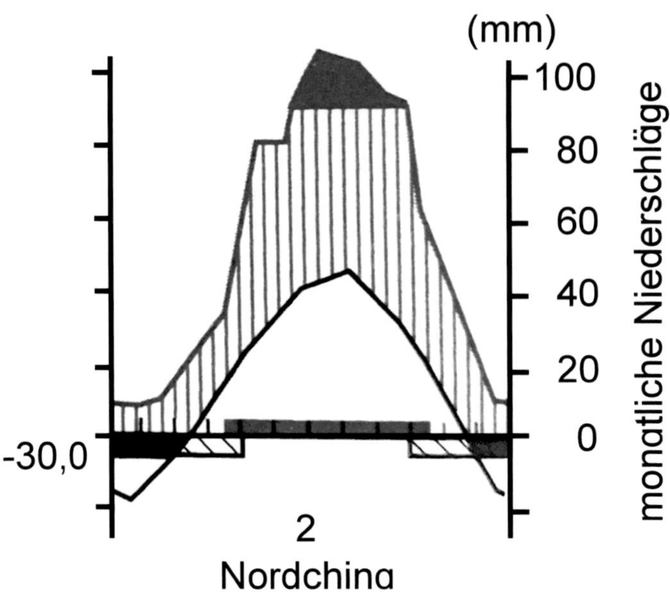

Mittlere jährliche Niederschlagssumme: **1007 mm**

Mittlere Jahrestemperatur in °C: **6,6 °C**

Höhe der Station über NN in m: **5 m**

Gib an, welche Monate humid (feucht) sind: **alle**

Gib an, welche Monate arid (trocken) sind: **keine**

Gib den wärmsten Monat an: **Juli**

Gib den kältesten Monat an: **Januar**

Gib den regenreichsten Monat an: **Juni**

Gib den trockensten Monat an: **Dezember**

Gib die Temperaturamplitude an (Differenz zwischen niedrigstem und höchstem Wert): **35 °C**

Gib die Niederschlagsverteilung an:

ganzjährig Niederschläge; im Sommer sehr hoch

Welcher Klima- bzw. Ökozone kann das Diagramm zugeordnet werden:
Feuchte Mittelbreiten/gemäßigte Zone

Wir werten Klimadiagramme aus! (Pensacola)

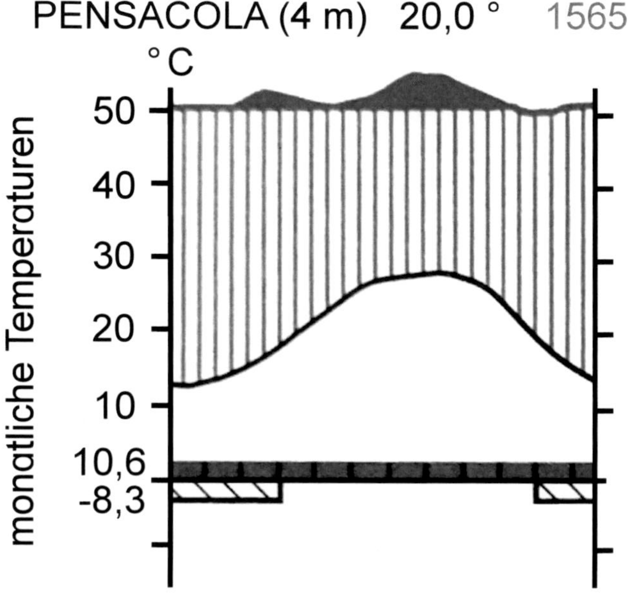

Aufgabe: *Lies die folgenden Werte aus dem Klimadiagramm ab:*

Mittlere jährliche Niederschlagssumme: ____________________

Mittlere Jahrestemperatur in °C: ____________________

Höhe der Station über NN in m: ____________________

Gib an, welche Monate humid (feucht) sind: ____________________

Gib an, welche Monate arid (trocken) sind: ____________________

Gib den wärmsten Monat an: ____________________

Gib den kältesten Monat an: ____________________

Gib den regenreichsten Monat an: ____________________

Gib den trockensten Monat an: ____________________

Gib die Temperaturamplitude an (Differenz zwischen niedrigstem und höchstem Wert): ____________________

Gib die Niederschlagsverteilung an:

____

Welcher Klima- bzw. Ökozone kann das Diagramm zugeordnet werden?

____

Klimazonen an Stationen / Sekundarstufe – Bestell-Nr. 12 948

Lösung

Wir werten Klimadiagramme aus! (Pensacola)

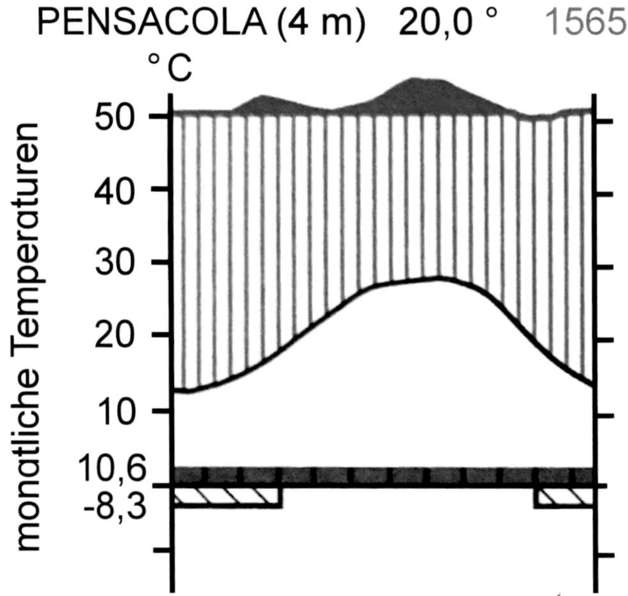

Mittlere jährliche Niederschlagssumme: **1565 mm**

Mittlere Jahrestemperatur in °C: **20 °C**

Höhe der Station über NN in m: **4 m**

Gib an, welche Monate humid (feucht) sind: **alle**

Gib an, welche Monate arid (trocken) sind: **keine**

Gib den wärmsten Monat an: **August**

Gib den kältesten Monat an: **Dezember**

Gib den regenreichsten Monat an: **Juli**

Gib den trockensten Monat an: **Oktober**

Gib die Temperaturamplitude an (Differenz zwischen niedrigstem und höchstem Wert): **16 °C**

Gib die Niederschlagsverteilung an:

ganzjährig hohe Niederschläge, sehr hohe im Sommer

Welcher Klima- bzw. Ökozone kann das Diagramm zugeordnet werden:
Immerfeuchte Subtropen/Subtropen

Wir werten Klimadiagramme aus! (Queenstown)

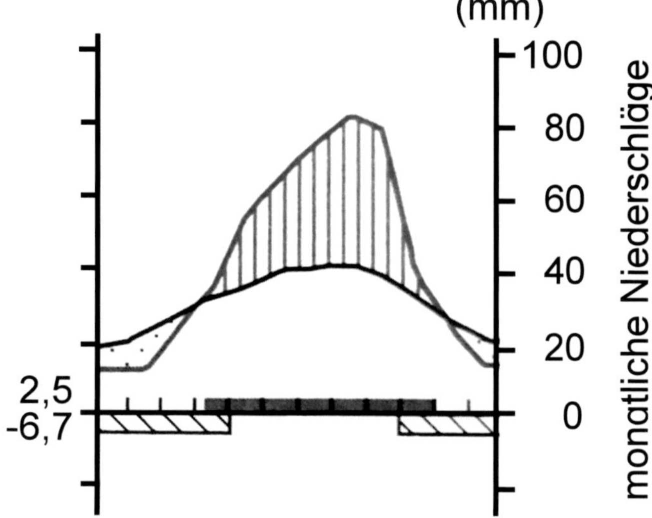

Aufgabe: *Lies die folgenden Werte aus dem Klimadiagramm ab:*

Mittlere jährliche Niederschlagssumme: ____________________

Mittlere Jahrestemperatur in °C: ____________________

Höhe der Station über NN in m: ____________________

(Anmerkung: Dieser Ort liegt auf der Südhalbkugel! Beschriftung der Monate ist anders: Beginn mit Juli)

Gib an, welche Monate humid (feucht) sind: ____________________

Gib an, welche Monate arid (trocken) sind: ____________________

Gib den wärmsten Monat an: ____________________

Gib den kältesten Monat an: ____________________

Gib den regenreichsten Monat an: ____________________

Gib den trockensten Monat an: ____________________

Gib die Temperaturamplitude an (Differenz zwischen niedrigstem und höchstem Wert): ____________________

Gib die Niederschlagsverteilung an:

____

Welcher Klima- bzw. Ökozone kann das Diagramm zugeordnet werden?

____

Lösung

Wir werten Klimadiagramme aus! (Queenstown)

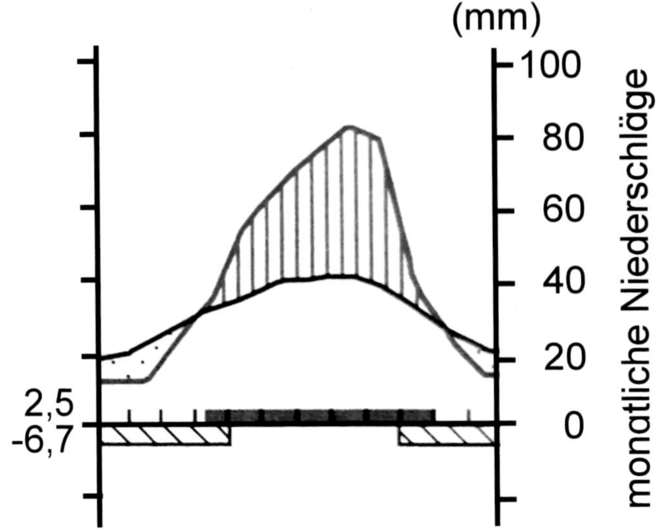

Mittlere jährliche Niederschlagssumme: **560 mm**

Mittlere Jahrestemperatur in °C: **16,9 °C**

Höhe der Station über NN in m: **1077 m**

(Anmerkung: Dieser Ort liegt auf der Südhalbkugel! Beschriftung der Monate ist anders: Beginn mit Juli)

Gib an, welche Monate humid (feucht) sind: **Oktober - April**

Gib an, welche Monate arid (trocken) sind: **Mai - September**

Gib den wärmsten Monat an: **Februar**

Gib den kältesten Monat an: **Juli**

Gib den regenreichsten Monat an: **Februar**

Gib den trockensten Monat an: **August**

Gib die Temperaturamplitude an (Differenz zwischen niedrigstem und höchstem Wert): **12 °C**

Gib die Niederschlagsverteilung an:

**hohe Niederschläge in den Sommermonaten;
Wintermonate vergleichsweise trocken**

Welcher Klima- bzw. Ökozone kann das Diagramm zugeordnet werden:
Immerfeuchte Subtropen/Subtropen